21世纪应用型本科会计系列教材
根据最新企业会计准则编写

CHUJI
KUAIJI XUE XITI JI

初级会计学习题集

（最新版）

◎主　编　张蔚文　凌辉贤　邓巧飞　陈世文
◎副主编　范时云　彭文华　夏唐兵　郭晋杰

西南财经大学出版社

图书在版编目(CIP)数据

初级会计学习题集/张蔚文,凌辉贤,邓巧飞,陈世文主编.—成都:西南财经大学出版社,2013.2

ISBN 978 -7 -5504 -0940 -8

Ⅰ.①初… Ⅱ.①张… Ⅲ.①会计学—高等学校—习题集
Ⅳ.①F230 -44

中国版本图书馆 CIP 数据核字(2013)第 002764 号

初级会计学习题集(最新版)

主　编:张蔚文　凌辉贤　邓巧飞　陈世文

副主编:范时云　彭文华　夏唐兵　郭晋杰

责任编辑:李特军

助理编辑:李晓嵩

封面设计:墨创文化

责任印制:封俊川

出版发行	西南财经大学出版社(四川省成都市光华村街 55 号)
网　　址	http://www.bookcj.com
电子邮件	bookcj@foxmail.com
邮政编码	610074
电　　话	028 -87353785　87352368
照　　排	四川胜翔数码印务设计有限公司
印　　刷	郫县犀浦印刷厂
成品尺寸	185mm ×260mm
印　　张	9
字　　数	200 千字
版　　次	2013 年 1 月第 1 版
印　　次	2013 年 1 月第 1 次印刷
印　　数	1— 3500 册
书　　号	ISBN 978 -7 -5504 -0940 -8
定　　价	18.00 元

修订版说明

由于《初级会计学》教材根据现行的《企业会计准则应用指南》进行了修订，因此，对其配套教材《初级会计学习题集》的有关内容也随之进行修订，以保持与修订版教材内容一致。

本次修订工作由张蔚文教授主持，参与修订的人员还有：熊建设副教授、陈世文讲师、邓巧飞讲师、徐慧讲师、孙勇老师等。

限于编者水平，书中不妥之处，恳请专家、同行和读者指正。

编者

2008 年 1 月于广州

编写说明

本习题集是21世纪应用型本科会计系列教材《初级会计学》的配套教材。针对《初级会计学》的每章内容，按普遍采用的填空题、单项选择题、多项选择题、判断题、简答题、核算题等题型分别列出习题。通过习题练习，可以帮助读者比较透彻地掌握各章的概念、原理及核算方法。本习题集适合学习《初级会计学》需要多思考、多动手练习的特点，旨在提高学生的学习效果。

本习题集由张蔚文教授提出编写大纲，由张蔚文、姚忠云、邱志德、刘勤果、刘晓瑜、熊建设等老师具体编撰，徐慧老师也参与了编写，最后由张蔚文教授审阅定稿。

由于水平有限，书中不妥之处，恳请读者指出。

编者

2006年10月于广州

最新版说明

由于《初级会计学》（修订版）进行了新的修订，所以，其配套教材《初级会计学习题集》必须随之修订，以保证与修订后的最新版《初级会计学》教材内容一致。

《初级会计学习题集》（最新版）修订工作由张蔚文教授主持，参与修订的人员还有：邓巧飞副教授、凌辉贤副教授、陈世文副教授、彭文华副教授、范时云讲师、夏唐兵讲师、郭晋杰讲师等。受编者水平限制，本习题集中难免差错，敬请读者指正。

编者

2013 年 1 月于广州华南师范大学增城学院

目 录

参考答案

第一章　总论习题

一、填空题

1. 会计除两项基本职能外，还具有__________、__________、__________、__________等职能。

2. 会计的特点是：(1) __________；(2) __________；(3) __________。

3. 会计对象是指__________。

4. 资金运动由__________、__________、__________三部分构成。

5. 会计核算的前提条件是__________、__________、__________、__________、__________。

6. 会计核算的信息质量要求是：(1) __________；(2) __________；(3) __________；(4) __________；(5) __________；(6) __________；(7) __________；(8) __________。

7. 会计核算方法包括：(1) __________；(2) __________；(3) __________；(4) __________；(5) __________；(6) __________；(7) __________。

8. 资产分为__________、__________。

9. 期间费用包括__________、__________和__________。

10. 收入是指企业在__________、__________、与所有者投入资本无关的经济利益的总流入。

11. 费用是指企业在__________、__________、与向所有者分配利润无关的__________的总流出。

12. 利润是指企业在一定会计期间的__________，由__________等组成。

13. 会计计量的基本要求是企业在符合确认条件的会计要素登记入账并列报于会计报表及其附注时，应当按照规定的__________，确定其__________。

二、单项选择题

1. 会计的基本职能是（　　）。
   A. 预算和核算　B. 核算和监督　C. 核算与记录　D. 核算和控制

2. 会计以（　　）为主要计量单位。
   A. 数量　B. 金额　C. 货币　D. 时间

3. 下列不属于企业收入的是（　　）。
   A. 销售商品所得收入　B. 提供劳务所得收入
   C. 为第三方客户代收的款项　D. 让渡资产使用权所得收入

4. 会计要素中的资产、负债和所有者权益是企业财务状况的（　　）。
   A. 动态反映　B. 直接反映　C. 静态反映　D. 一般反映
5. 会计要素中的收入、费用和利润是企业经营成果的（　　）。
   A. 动态反映　B. 直接反映　C. 静态反映　D. 一般反映
6. 企业用银行存款支付前欠款会引起（　　）。
   A. 资产和所有者权益同时减少　B. 资产减少，负债增加
   C. 资产和负债同时减少　D. 资产和负债同时增加
7. 会计对象具体内容分为两种表现，即（　　）。
   A. 资金的筹集　B. 资金退出
   C. 静态表现　D. 动态静态表现
8. 核算财务状况的会计要素是（　　）。
   A. 收入　B. 费用　C. 利润　D. 所有者权益
9. 核算经营成果的会计要素是（　　）。
   A. 资产　B. 负债　C. 收入　D. 所有者权益
10. 会计等式是反映会计要素之间（　　）的等式。
   A. 质量关系　B. 数量关系　C. 相互关系　D. 从属关系
11. 企业在对会计要素计量时，一般应用的是（　　）。
   A. 重置成本　B. 现值　C. 公允价值　D. 历史成本

三、多项选择题

1. 下列项目中属于资产要素特点的有（　　）。
   A. 必须是企业所拥有或控制的　B. 能给企业带来经济利益
   C. 必须能以货币计量　D. 是企业承担的现时义务
2. 从银行提取现金 500 元，将使得（　　）。
   A. 资产中的现金增加 500 元　B. 资产中的银行存款增加 500 元
   C. 资产中的现金减少 500 元　D. 资产中的银行存款减少 500 元
3. 收入可以表现为（　　）。
   A. 企业资产增加　B. 企业负债减少
   C. 所有者权益增加　D. 企业资产减少
4. 下列资产属于流动资产的是（　　）。
   A. 现金　B. 运输设备　C. 商标权　D. 应收账款
5. 会计使用的计量单位包括（　　）。
   A. 货币计量单位　B. 实物计量单位
   C. 时间计量单位　D. 劳动计量单位
6. 下列经济业务引起资产、负债同增或同减变化的是（　　）。
   A. 以银行存款偿还应付账款　B. 从银行借入短期借款存入存款户
   C. 从银行提取现金　D. 以银行存款购置固定资产

7. 会计等式是（　　）的理论依据。

A. 复式记账　　B. 成本计算　　C. 试算平衡　　D. 编制会计报表

8. 会计核算信息质量要求原则是（　　）。

A. 权责发生制原则　　B. 客观性原则

C. 相关性原则　　D. 重要性原则

9. 会计核算的前提条件包括（　　）。

A. 会计核算　　B. 会计主体　　C. 持续经营　　D. 会计期间

10. 期间费用包括（　　）。

A. 商品销售成本　　B. 销售费用

C. 管理费用　　D. 财务费用

11. 会计计量属性的构成是（　　）。

A. 历史成本　　B. 现值

C. 可变现净值　　D. 公允价值和重置成本

四、判断题（正确的打√，不正确的打×）

1. 所有的法人都是会计主体，所有的会计主体也是法人。（　　）

2. 只要是特定对象能够以货币表现的经济活动，都是会计所核算和监督的内容。（　　）

3. 以权责发生制作为记账基础，当月收到的款项才作为当月的收入，当月没有收到的款项不能作为当月收入。（　　）

4. 融资租入固定资产作为企业资产予以确认，体现的是实质重于形式的原则。（　　）

5. 资产最重要的特征是预期会给企业带来经济利益。（　　）

6. 企业与供货单位签订合同，应将它列为负债。（　　）

7. 负债在多数情况下要用现金进行偿还，有些情况下也可以用商品或其他资产或者通过提供劳务的方式进行偿还。（　　）

8. 从法律角度看，所有者权益对企业资产的要求权优于负债。（　　）

9. 营业外支出属于费用项目。（　　）

10. 企业销售商品取得货物，会引起资产和所有者权益同时减少。（　　）

11. 利润表示企业最终的经营成果，由收入和费用的差额确定。（　　）

12. 经济业务总是引起不同类项目此增彼减，增减金额相等。（　　）

13. 经济业务能引起资产内部项目此增彼减，但资产和权益总额保持不变。（　　）

14. 以应收账款抵付货款 2 000 元，这笔经济业务引起资产和负债同时减少2 000 元，不影响会计等式的平衡关系。（　　）

15. 企业在对会计要素进行计量时，只允许采用历史成本。（　　）

五、简答题

1. 如何理解会计的定义？

2. 会计的特点是什么？

3. 什么是会计要素？核算财务状况和经营成果的会计要素有哪些？

4. 简述资产、负债、收入、费用的确认条件，以及所有者权益和利润的构成。

5. 什么是会计等式？简述经济业务对资产、负债和所有者权益增减变动的规律。

6. 会计核算的前提条件有哪些？会计核算的信息质量要求有哪些？

7. 会计核算的方法有几种？它们之间关系如何？

8. 权责发生制的基本含义如何？

9. 会计核算职能的内容是什么？

10. 简述会计要素计量的概念、要求、属性构成和属性的应用原则。

第二章　会计规范习题

一、填空题

1. 会计规范是__________的组成部分，经济法规是调整__________的法律规范，会计法规是调整__________的法律规范，并与其他有关方面的相关经济法规保持协调一致。

2. __________是国家政权以法律法规形式制定和颁布执行的调整会计关系的行为规范。

3. 会计规范的特征包括__________、__________、__________、__________、__________和__________。

4. 会计规范按其性质不同可分为__________和__________。

5. 会计法律包括__________和__________。

6. 会计准则是处理__________的标准，是进行__________的规范，是评价__________的准绳。

7. 会计准则体系一般认为可以分为两个层次：第一层次是__________，又称为__________；第二层次是__________，又称为__________。

8. 具体会计准则分为__________、__________和__________三类。

9. 新会计准则体系的框架结构是：（1）__________；（2）__________；（3）__________。

10. 会计制度是根据__________和__________制定的，是企事业单位进行会计工作所应遵循的__________、__________和__________的总称。

11. 企业会计制度包括__________和__________。

12. 会计职业道德规范体系主要由__________和__________两项构成。

13. 会计职业道德的检查，通过__________和__________来结合进行。

二、单项选择题

1. 我国企业会计规范体系中的第一层次是（　　）。

A. 会计法层次　　B. 国家统一的会计制度

C. 会计职业道德规范　　D. 会计准则层次

2.（　　）是指会计规范内部所具有的层次结构而构成的会计规范体系，可以在不同层次上规范会计行为。

A. 权威性　　B. 责任性　　C. 层次性　　D. 历史性

3.《企业会计制度》属于（　　）。
A. 会计法层次　B. 国家统一的会计制度
C. 会计职业道德规范　D. 会计准则层次

4.（　　）是一切会计工作的基本大法，是对会计工作的一般要求。
A.《公司法》　B.《注册会计师法》
C.《企业会计准则》　D.《会计法》

5.（　　）是以国家行政规章制度的形式，由国务院批准制定颁布的。
A. 会计法律规范　B. 会计准则规范
C. 会计制度规范　D. 会计职业道德规范

6. 存货准则属于（　　）。
A. 基本准则　B. 企业会计准则应用指南
C. 具体准则　D. 报告准则

7. 具体准则是根据（　　）来制定的。
A. 一般业务准则　B. 特殊行业的特定业务准则
C. 基本准则　D. 应用指南

8. 下面不属于会计职业道德基本规范内容的是（　　）。
A. 爱岗敬业　B. 客观公正　C. 廉洁自律　D. 明哲保身

9.（　　）主要规范各类企业普遍适用的一般经济业务的确认和计量要求。
A. 报告准则　B. 特殊行业的特定业务准则
C. 一般业务准则　D. 建造合同准则

10. 新会计准则在原来 12 项一般准则基础上，增补了（　　）的原则要求。
A. 明晰性　B. 客观性
C. 及时性　D. 经济实质重于形式

三、多项选择题

1. 会计规范按其内容不同划分成（　　）。
A. 会计法律规范　B. 会计准则规范
C. 书面文件形式会计规范　D. 会计职业道德规范

2. 我国的企业会计规范体系包括四个层次，具体是（　　）。
A. 会计法　B. 会计准则层次
C. 国家统一的会计制度　D. 会计职业道德规范

3. 会计法律法规规范按其颁布机构不同，可分为（　　）。
A. 会计职业道德规范　B. 会计法律法规规范
C. 会计法规规范　D. 会计准则规范

4. 我国至今专门规范会计行为的会计法律有（　　）。
A.《中华人民共和国注册会计师法》　B.《中华人民共和国经济合同法》
C.《中华人民共和国会计法》　D.《中华人民共和国公司法》

5. 基本准则包括的内容有（　　）。
A. 特殊业务会计准则　　B. 会计要素的确认、计量准则
C. 会计假设和会计核算的一般原则　　D. 会计报告的基本内容与要求
6. 属于具体准则主要内容的是（　　）。
A. 基本业务准则　　B. 会计报告的基本内容与要求
C. 会计报表准则　　D. 特殊行业会计准则
7. 新会计准则体系的特点是（　　）。
A. 科学性和全面性　　B. 可操作性和层次性
C. 动态性　　D. 与国际会计准则之间的充分协调性
8. 企业会计制度包括（　　）。
A.《企业会计制度》　　B.《金融企业会计制度》
C.《小企业会计制度》　　D.《非企业会计制度》
9.《小企业会计制度》的内容包括（　　）。
A. 总说明　　B. 会计科目名称及编号
C. 会计科目使用说明　　D. 会计报表格式
E. 会计报表编制说明
10. 针对不同性质的会计主体的要求，会计准则可以分为（　　）。
A. 营利组织企业会计准则
B. 适用于公共事业单位的非营利组织会计准则
C. 民间机构制定的会计准则
D. 国家机构出面制定的会计准则
11. 新会计准则与现行的国际会计准则之间存在一定差异，其表现在（　　）。
A. 公允价值的运用
B. 企业合并的会计处理方法
C. 关联方的披露和资产减值的会计处理
D. 政府补助的会计处理

四、判断题（正确的打√，不正确的打×）

1. 会计规范在会计操作过程中是唯一约束会计自身行为的尺度，其他任何标准都不能与会计规范居于同等地位来约束会计的自身行为。（　　）
2. 会计规范适用于任何会计主体、任何会计工作人员，并且反复使用有效。所有的会计规范都适用于国民经济各部门或各行业。（　　）
3. 会计职业道德规范是一种以法律和行政命令力量保证施行的强制性会计规范。（　　）
4. 无论对会计规范怎样的分类，各种会计规范是共同并存、相辅相成的。（　　）
5. 各层次会计规范之间不存在联系，是相互独立的。（　　）
6. 拟定其他的会计法规、制定会计准则和会计制度，都应以《中华人民共和国经济合同法》为依据。（　　）

7. 《会计法》和《注册会计师法》是由国务院颁布的。 ( )

8. 会计准则倾向于理论指导，会计原则侧重于实务指导。 ( )

9. 具体准则处于会计准则体系的第三个层次，是根据基本准则和应用指南制定、指导会计实务的操作性指南。 ( )

10. 企业会计准则应用指南可称为会计制度。 ( )

11. 在2006年颁布的《企业会计准则》中，具体准则有38项，其中新制定的会计准则有20项，以前制定、现在修订的有16项。 ( )

12. 所有国家的会计准则体系中都存在企业会计制度。 ( )

13. 企业会计准则应用指南是所有会计主体必须共同遵守的会计基本规律。 ( )

14. 我国现行的企业会计制度由《企业会计制度》《金融企业会计制度》和《事业单位会计制度》三部分组成。 ( )

15. 会计职业道德的评价机制包括激励和惩处两个方面。 ( )

五、简答题

1. 如何理解会计规范的定义？

2. 简述会计规范的分类。

3. 2006年新会计准则出台的原因是什么？

4. 简述新会计准则体系的框架结构。

5. 如何理解会计制度的定义？

6. 简述会计制度的类别。

7. 简述会计职业道德的基本规范内容。

8. 简述会计职业道德规范的实施途径。

第三章　会计科目与账户习题

一、填空题

1. 会计科目是对__________具体内容进行分类的项目，按其经济内容可分为__________类科目、__________类科目、__________类科目、__________类科目、__________类科目和__________类科目。

2. 会计科目按级次划分，可分为__________会计科目和__________会计科目。

3. 账户具备的四个金额核算指标分别是__________、__________、__________和__________。其之间的关系可以表达为：______________________________。

4. 账户在结构上分为两个基本部分，即一方登记__________，一方登记__________。

5. 账户是根据__________开设的，__________的名称就是账户的名称。

6. 账户按__________分类是最基础的分类，按此种分类，账户可分为__________类账户、__________类账户、__________类账户、__________类账户、__________类账户和__________类账户。

7. 账户按提供核算指标详细程度分类，可分为__________账户和__________账户。

8. 平行登记的要点包括：__________、__________和__________。

9. 总账账户是根据__________设置的，是对会计要素具体内容进行__________分类核算的账户；明细分类账户是根据__________设置的，是对会计要素具体内容进行__________分类核算的账户。

10. 账户按用途和结构分类，“库存现金”、“原材料”属于__________账户；“实收资本”属于__________账户；“本年利润”属于__________账户。

11. 调整账户分为__________、__________和__________三类。

12. 会计科目的编号一般采用__________。

二、单项选择题

1. 会计科目是对（　　）的具体内容进行分类核算的项目。

A. 经济业务　　B. 会计主体　　C. 会计对象　　D. 会计要素

2. 会计账户是根据（　　）来开设的。

A. 会计对象　　B. 会计要素　　C. 会计科目　　D. 经济业务

3. 负债类账户的借方发生额反映（　　）情况。

A. 负债的增加　　B. 负债的结存

C. 负债的增加和减少的变动　　D. 负债的减少

4. 某账户的期初余额为900元，期末余额为5 000元，本期减少发生额为600元，则本期增加发生额为（　　）元。

A. 3 500　　B. 300　　C. 4 700　　D. 5 300

5. 下列会计科目中，属于损益类科目的是（　　）。

A. 主营业务成本　　B. 生产成本

C. 制造费用　　D. 其他应收款

6. 会计科目和会计账户的本质区别在于（　　）。

A. 反映的经济业务不同

B. 记录资产和权益的内容不同

C. 记录资产和权益的方法不同

D. 会计账户有结构，而会计科目无结构

7. 下列有关账户的表述中，不正确的是（　　）。

A. 会计科目和账户所反映的会计对象的具体内容是相同的

B. 会计科目是账户设置的依据

C. 按照会计科目提供核算资料的详细程度，账户可以分为总分类账户和明细分类账户

D. 账户是根据会计科目设置的，它没有格式和结构

8. 下列会计科目中，不属于资产类的是（　　）。

A. 应收账款　　B. 累计折旧　　C. 预收账款　　D. 预付账款

9. 下列账户中，期末一般无余额的是（　　）账户。

A. 库存商品　　B. 生产成本　　C. 库存现金　　D. 管理费用

10. 总分类会计科目一般按（　　）进行设置。

A. 企业管理的需要　　B. 统一会计准则的规定

C.会计人员的需要　　D. 经济业务的种类不同

11. 账户的左方和右方，哪一方登记增加，哪一方登记减少，取决于（　　）。

A. 所记经济业务的重要程度　　B. 开设账户时间的长短

C. 所记金额的大小　　D. 记账的方法和账户的性质

12. 在下列项目中，与“制造费用”属于同一类科目的是（　　）。

A. 固定资产　　B. 其他业务成本

C. 生产成本　　D. 主营业务成本

13. 应在账户的借方核算的是（　　）。

A. 负债的增加额　　B. 所有者权益的增加额

C. 收入的增加额　　D. 资产的增加额

14. 会计账户按（　　）不同，可以分为总分类账户和明细分类账户

A. 会计要素　　B. 用途和结构

C. 核算的经济内容　　D. 提供核算指标的详细程度

15. 下列可以作为总分类科目的有（　　）。

A. 钢材　　B. 库存现金　　C. 汽油　　D. 办公台

16. 下列属于跨期摊配的账户为（　　）。

A. 应收账款　　B. 预付账款

C. 长期待摊费用　　D. 主营业务收入

17. "应收账款"账户的期初余额为 8 000 元，本期增加额为 12 000 元，期末余额为 6 000 元，则该账户的本期减少额为（　　）元。

A. 10 000　　B. 4 000　　C. 2 000　　D. 14 000

三、多项选择题

1. 下列经济业务中涉及两个资产账户且会引起其中一个增加，另一个减少的有（　　）。

A. 以银行存款购入固定资产

B. 向银行提取现金备用

C. 收到其他单位以前欠的货款，存入银行

D. 以银行存款归还银行贷款

2. 会计账户的各项金额核算指标的关系可用（　　）表示。

A. 期末余额 = 期初余额 + 本期增加发生额 − 本期减少发生额

B. 期末余额 − 期初余额 = 本期增加发生额 − 本期减少发生额

C. 期末余额 − 期初余额 − 本期增加发生额 = 本期减少发生额

D. 期末余额 + 本期减少发生额 = 期初余额 + 本期增加发生额

3. 会计科目按其核算的经济内容不同，分为（　　）等。

A. 资产类　　B. 负债类

C. 所有者权益类　　D. 成本类

4. 下列会计科目中，属于成本类科目的有（　　）。

A. 生产成本　　B. 主营业务成本

C. 制造费用　　D. 销售费用

5. 下列项目中，属于账户基本结构内容的有（　　）。

A. 账户的名称　　B. 日期和摘要

C. 凭证号数　　D. 增加方和减少方的金额及余额

6. 有关会计科目与账户间的关系，下列表述中正确的有（　　）。

A. 会计科目是账户设置的依据

B. 账户是会计科目的具体运用

C. 在实际工作中，会计科目和账户是相互通用的

D. 两者分类口径一致，核算内容相同

7. 会计账户按其提供核算指标详细程度分为（　　）。

A. 总分类账户　　B. 负债类账户

C. 明细分类账户　　D. 资产类账户

8. 在下列项目中，与管理费用属于同一类科目的是（　　）。

A. 制造费用　　B. 销售费用　　C. 财务费用　　D. 其他应收款

9. 关于总分类会计科目与明细分类会计科目表述正确的是（　　）。

A. 明细分类会计科目概括地反映会计对象的具体内容

B. 总分类会计科目详细地反映会计对象的具体内容

C. 总分类会计科目对明细分类科目具有控制作用

D. 明细分类会计科目是对总分类会计科目的补充和说明

10. 所有者权益类账户的结构与（　　）相同。

A. 资产类账户　　B. 负债类账户

C. 成本类账户　　D. 损益类中的收入收益类账户

11. 损益类账户按损益形成的内容不同，又可分为（　　）。

A. 收入收益类账户　　B. 费用损失类账户

C. 净利润类账户　　D. 净亏损类账户

12. 所有者以一台设备增加对本企业投资，这项经济业务的核算会涉及下列（　　）科目账户。

A. 资产类账户　　B. 负债类账户

C. 所有者权益类账户　　D. 收入收益类账户

四、判断题（正确的打√，不正确的打×）

1. 账户是根据会计科目设置的，具有一定的格式和结构。（　　）

2. 会计科目是账户的名称，是账户的载体和具体运用。（　　）

3. 账户中上期的期末余额转入本期即为本期的期初余额。（　　）

4. 会计科目与账户都是对会计对象具体内容的科学分类，两者口径一致，性质相同，具有相同的格式和结构。（　　）

5. 为了满足管理的需要，企业的会计账户设置的越细越好。（　　）

6. 会计科目都是根据会计账户设置的。（　　）

7. 所有账户的左边都记录增加额，右边都记录减少额。（　　）

8. 不违反国家统一会计准则的前提下明细会计科目可以根据企业内部管理的需要自行制定。（　　）

9. 账户的简单格式分为左右两方，其中，左方表示增加，右方表示减少。（　　）

10. “预收账款”账户属于资产类账户。（　　）

五、简答题

1. 简述会计科目与会计账户的联系和区别。

2. 简述会计科目按经济内容的分类。

3. 简述账户的分类。

4. 简述平行登记的含义和登记要点。

第四章　复式记账和成本计算习题

一、填空题

1. 记账方法按记录方式的不同，可分为__________和__________记账法。

2. 复式记账法是指对企业发生的每一项交易或事项，都要用__________，在__________账户中进行记录的记账方法。

3. 在借贷记账法中，账户的基本结构分为__________和__________两栏。

4. 采用借贷记账法，账户的借贷双方必须做__________方向的记录。对于一个账户来说，如果规定借方登记增加额，则贷方就登记__________额。

5. 借贷记账法的记账规则是______________________________。

6. 借贷记账法的试算平衡方法包括__________和__________两种。

7. “实收资本”属于__________类账户，增加表示在__________方，余额在__________方。

二、单项选择题

1. 我国规定的记账方法是（　　）。

A. 增减记账法　　B. 收付记账法

C. 借贷记账法　　D. 单式记账法

2. 所有者权益类账户借方记录（　　）。

A. 增加发生额　　B. 减少发生额

C. 增加或减少发生额　　D. 以上都不对

3. 成本类账户借方登记（　　）。

A. 增加发生额　　B. 减少发生额

C. 增加或减少发生额　　D. 以上都不对

4. “应收账款”账户的期末余额等于（　　）。

A. 期初余额+本期借方发生额-本期贷方发生额

B. 期初余额-本期借方发生额-本期贷方发生额

C. 期初余额+本期借方发生额+本期贷方发生额

D. 期初余额-本期借方发生额+本期贷方发生额

5. 某企业月初有短期借款40万元，本月向银行借入短期借款45万元，以银行存款偿还短期借款20万元，则月末“短期借款”账户的余额为（　　）。

A. 借方65万元　B. 贷方65万元　C. 借方15万元　D. 贷方15万元

6. 某企业本月发生管理费用开支计 58 万元，月末应结平“管理费用”账户，则“管理费用”账户（　　）。

A. 月末借方余额 58 万元　　B. 本期借方发生额为 0

C. 月末贷方余额 58 万元　　D. 月末余额为 0

7. 账户余额一般与（　　）在同一方向。

A. 借方发生额　B. 贷方发生额　C. 增加额　D. 减少额

8. 下列错误中能通过试算平衡发现的有（　　）。

A. 重记经济业务　　B. 漏记经济业务

C. 借贷方向相反　　D. 借贷金额不等

9. 某企业期末余额试算平衡表资料如下：则乙账户有（　　）。

账户名称	期末借方余额	期末贷方余额
甲账户	38 000	
乙账户		
丙账户	42 000	
丁账户		65 000
戊账户		40 000

A. 借方余额 35 000　　B. 贷方余额 35 000

C. 借方余额 25 000　　D. 贷方余额 25 000

10. 某企业材料总分类账户的本期借方发生额为 25 000 元，本期贷方发生额为 24 000元，其有关明细分类账户的发生额分别为甲材料本期借方发生额为 8 000 元，贷方发生额为 6 000 元；乙材料借方发生额为 13 000 元，贷方发生额为 16 000 元。则丙材料本期借贷双方发生额分别是（　　）元。

A. 借方发生额为 12 000　贷方发生额为 2 000

B. 借方发生额为 4 000　贷方发生额为 2 000

C. 借方发生额为 4 000　贷方发生额为 1 000

D. 借方发生额为 6 000　贷方发生额为 8 000

11. “累计折旧”账户按照会计要素分类属于（　　）。

A. 资产类账户　B. 损益类账户　C. 负债类账户　D. 成本类

12. 下列属于资产类账户的有（　　）。

A. 预付账款　B. 应付股利　C. 营业外收入　D. 生产成本

13. “生产成本”账户的期末借方余额表示（　　）。

A. 生产成本的增加数　　B. 生产费用总和

C. 未完工的在产品和半成品的成本　　D. 完工产品的实际成本

14. 若某企业年末“固定资产”账户余额为 350 000 元，固定资产净值为280 000 元，不考虑其他因素，则下列表述正确的是（　　）。

A. “累计折旧”年末贷方余额为 630 000 元

B. “累计折旧”年末贷方余额为70 000元

C. “累计折旧”年末借方余额为630 000元

D. “累计折旧”年末借方余额为70 000元

15. 企业本期全部损益状况如下：主营业务收入586 000元，主营业务成本467 000元，营业税金及附加24 000元，管理费用60 000元，营业外收入12 000元，所得税费用11 000元，则企业本期营业利润为（　　）。

A. 119 000元　　B. 95 000元　　C. 35 000元　　D. 36 000元

三、多项选择题

1. 下列关于复式记账特点，表述正确的是（　　）。

A. 对于每项经济业务都在两个或两个以上相互关联的账户中进行记录

B. 以相等金额在有关账户中进行记录，因而可以据以进行试算平衡，以检查账户记录是否正确

C. 通过账户记录可以了解经济业务的来龙去脉

D. 相对于单式记账法而言，更具有操作简单的优势

2. 有关借贷记账法说法正确的是（　　）。

A. 采用“借”和“贷”为记账符号

B. 以“资产 = 负债 + 所有者权益”这一会计等式作为理论依据

C. 记账规则是“有借必有贷，借贷必相等”

D. 是我国会计核算的法定记账方法

3. 借贷记账法的试算平衡有（　　）。

A. 账户发生额试算平衡法　　B. 账户减少额试算平衡法

C. 账户余额试算平衡法　　D. 账户增加额试算平衡法

4. 会计分录包括（　　）。

A. 简单会计分录　　B. 复合会计分录

C. 单式分录　　D. 混合分录

5. 企业筹集资金可以通过两种渠道，分别是（　　）。

A. 接受捐赠　　B. 接受投资　　C. 借入款项　　D. 销售商品

6. 企业用银行存款归还短期借款500元，对于这项经济业务，下列选项正确的有（　　）。

A. 这项经济业务涉及资产类和负债类账户

B. 这项业务引起资产增加、负债减少

C. 在“银行存款”账户借方登记500元

D. 在“短期借款”账户借方登记500元

7. 借贷记账法的基本内容有（　　）。

A. 记账符号　　B. 账户结构　　C. 记账规则　　D. 试算平衡

8. 属于期间费用的是（　　）。

A. 销售费用　　B. 管理费用　　C. 财务费用　　D. 制造费用

9. 产品成本项目主要有（　　）。

A. 期间费用　B. 直接材料　C. 直接人工　D. 制造费用

10. 期末结转已销产品的生产成本时（　）。

A. 借记“主营业务收入”账户　B. 借记“主营业务成本”账户

C. 借记“本年利润”账户　D. 贷记“库存商品”账户

11. 期末结转到“本年利润”账户借方发生额的有（　　）账户。

A. “主营业务收入”　B. “主营业务成本”

C. “营业税金及附加”　D. “所得税费用”

12. 属于营业利润构成要素的项目有（　　）。

A. 主营业务收入　B. 主营业务成本

C. 其他业务收入　D. 营业外收入

13. 管理费用包括（　　）。

A. 利息费用　B. 行政管理机构办公费

C. 销售广告费用　D. 行政部打印机折旧费

14. 下列属于资产类账户的是（　　）。

A. 预收账款　B. 预付账款　C. 应收账款　D. 原材料

15. 下列账户中属于损益账户的有（　　）。

A. 主营业务收入　B. 管理费用

C. 本年利润　D. 利润分配

四、判断题（正确的打√，不正确的打 ×）

1. 对于不同性质的账户，“借”和“贷”的含义各不相同。（　　）

2. 在借贷记账法下，“借”和“贷”只作为记账符号使用，用以表明记账方向。（　　）

3. 企业月末编制试算平衡表，如果借贷平衡，则记账肯定没有错误。（　　）

4. 不管是一贷多借还是一借多贷，借贷方的金额总是相等。（　　）

5. 期末进行试算平衡时，发现所有总分类账户的本期借方发生额合计数与所有总分类账户的本期贷方发生额合计数不相等，则说明账户记录是不正确的。（　　）

6. 所有账户期末借方余额合计一定等于所有账户期末贷方余额合计。（　　）

7. “长期借款”账户是负债账户，其期末余额总在借方。（　　）

8. “累计折旧”账户的期末余额在贷方，表示现有固定资产已提累计折旧。（　　）

9. 生产车间为组织和管理生产产品而发生的各项间接费用，可记入管理费用。（　　）

10. 企业对行政管理机关所发生的办公费、水电费、材料消耗须按一定比例计入各产品成本中去。（　　）

11. 管理费用是企业行政部门为组织和管理生产经营活动而发生的各项费用，包括行政人员的工资和福利费、办公费、折旧费、广告宣传费、借款利息等。（　　）

五、简答题

1. 简述复式记账法的定义及理论依据。

2. 简述试算平衡的公式。

3. 简述复式记账法的定义和其账户结构的基本规则。

六、业务处理题

习题一 筹资业务的核算

资料：珠江公司发生下列1～4项筹资业务。

1. 珠江公司收到A公司投入人民币5 000 000元，存入银行。

2. 珠江公司收到投资人张三投资共计200 000元，其中包括一台价值50 000元的全新机器已交付使用；人民币150 000元存入银行。

3. 珠江公司因流动资金不足，从工商银行取得为期6个月的借款200 000元，已存入银行账户。

4. 珠江公司为建造一条新的生产线向建设银行贷款2 000 000元，期限3年，已存入银行账户。

要求：根据上述经济业务编制会计分录，自行设计并登记各账户的“T”账户，并完成下面的试算平衡表。

总分类账户发生额及余额试算平衡表　　单位：元

会计科目	期初余额		本期发生额		期末余额	
	借方	贷方	借方	贷方	借方	贷方
银行存款	1 120 000					
固定资产	1 130 000					
短期借款		150 000				
长期借款		100 000				
实收资本		2 000 000				
合计	2 250 000	2 250 000				

习题二　材料采购业务的核算

资料：珠江公司2012年8月发生以下1~6项有关材料采购的业务。

1. 8月2日，根据合同规定，为购买丙材料向海天股份有限公司预付货款600 000元，款项已通过银行存款支付。

2. 8月5日，向利元工厂购入丁材料6 000吨，单价500元/吨，价款3 000 000元，增值税进项税额510 000元，材料验收入库，同时以现金支付装卸搬运费5 000元。根据合同约定，货款和税款用银行存款支付2 500 000元，其余暂欠。

3. 8月18日，收到8月2日预付款业务发来丙材料一批，并已验收入库。取得的增值税专用发票上注明的材料价款为500 000元，增值税进项税额85 000元，海天股份有限公司为企业代垫运杂费10 000元，合计金额595 000元，冲销原预付款后，多收部分当即通过银行转账退回。

4. 8月22日，企业向光明工厂购入甲材料20 000千克，单价100元/千克，价款2 000 000元，进项税额340 000元；乙材料10 000千克，单价500元/千克，价款5 000 000元，进项税额850 000元。款项以银行存款方式全部付清，材料尚未运到。

5. 8月23日，以银行存款支付上项购入甲、乙材料的运杂费共计30 000元（运杂费在甲、乙材料之间按重量比例进行分摊，列出计算过程）。

6. 8月30日上述甲、乙材料运到企业，并验收入库。结转甲、乙材料的采购成本。

要求：根据上述经济业务编制会计分录。

习题三　产品生产业务的核算

资料：2012 年 10 月，某企业发生如下 1 ~ 6 项涉及费用、成本的经济业务。

1. 生产甲产品领用原材料 36 000 元，生产乙产品领用原材料 50 000 元，车间一般耗用 20 000 元。

2. 月末结算职工工资和福利费，生产甲产品工人的工资和福利费为 120 000 元，生产乙产品工人的工资和福利费为 90 000 元，车间一般人员的工资和福利费为 50 000 元，行政管理人员的工资和福利费为 110 000 元，销售部门职工的工资和福利费为 100 000元。

3. 以银行存款支付广告费 200 000 元。

4. 计提设备折旧费，其中车间设备折旧 580 000 元，行政管理部门折旧 30 000 元。

5. 用支票支付车间水电费 80 000 元。

6. 以现金支付办公费，其中车间 3 000 元，行政管理部门 5 000 元。

要求：计算企业 10 月份发生的制造费用金额，并按照生产产品工人的工资和福利费金额为标准分配制造费用（计算分配比例时，结果精确到小数点后两位），并根据上述经济业务编制会计分录。

习题四　产品销售业务的核算

资料：某企业发生如下 1 ~ 10 项销售业务。

1. 销售 A 商品一批，增值税专用发票注明销售价格为 2 000 000 元，增值税额为 340 000 元，款项尚未收到。

2. 根据合同规定预收甲公司货款 500 000 元存入银行。

3. 向甲公司发出 B 产品一批，增值税专用发票注明销售价格为 1 000 000 元，增值税额为 170 000 元，抵扣以上预收账款后，差额甲公司以银行存款支付。

4. 销售 B 商品一批，增值税专用发票上注明销售价格为 600 000 元，增值税额为 102 000 元，款项收到存入银行。

5. 收到第 1 小题中销售 A 产品的货款 2 340 000 元，存入银行。

6. 结转已销 A 产品制造成本 1 500 000 元；B 产品制造成本 1 300 000 元。

7. 向乙企业销售材料一批，价款是 180 000 元，增值税为 30 600 元。该材料发出成本为 160 000 元。款项已收到，存入银行。

8. 销售产品应交的城市维护建设税为 30 000 元，应交的教育费附加是 8 200 元。

9. 用银行存款支付产品广告费 500 000 元。

10. 应付专设销售机构销售人员工资 30 000 元。

要求：根据上述经济业务编制会计分录。

习题五　利润形成和分配的核算

资料：珠江公司为增值税一般纳税企业，销售的产品为应纳增值税产品，增值税率为 17%，产品销售价格中不含增值税额。适用的所得税率为 25%。产品销售成本按经济业务逐笔结转。珠江公司 2012 年度发生如下经济业务：

1. 向甲公司销售 A 产品一批，销售价格 2 000 000 元，产品成本 1 600 000 元。产品已经发出，并开出增值税专用发票，合同约定 2 个月后收款。

2. 向乙公司销售 A 产品一批，销售价格 800 000 元，产品成本 600 000 元。珠江公司收到乙公司开来的支票，票面金额 936 000 元。

3. 用银行存款支付发生的管理费用 120 000 元，销售费用 80 000 元。

4. 企业收到 A 公司的违约罚款收入 10 000 元，款已收到并存入银行。

5. 企业用银行存款向灾区捐款 8 000 元。

6. 企业以存款支付流动资金借款利息 6 500 元。

7. 根据当期缴纳流转税的情况，计算确定当期应交城市维护建设税 28 000 元，应交教育费附加 7 000 元。

8. 年末各将各损益类账户结转“本年利润”账户；并计算营业利润的金额和利润总额金额。

9. 计算应交所得税（假定无纳税调整项目，且不存在递延所得税项目），进行分录处理，并将“本年利润”结转入“利润分配”。

10. 按当年实现净利润的 10% 计提法定盈余公积金。

11. 按净利润的 20% 向投资者分配普通股现金股利。

12. 将“利润分配”其他账户的余额转入“利润分配——未分配利润”。

要求：根据上述经济业务编制会计分录。

习题六　工业企业主要经济业务的核算

资料：珠江公司设有一个基本生产车间，生产和销售甲、乙两种产品。20××年 12 月份发生经济业务如下，请进行会计处理。（会计分录做在每题下，账簿及相关计算见指定位置，所有总分类账都以“T”字账登记）

1. 企业收到国家增加投资 8 000 000 元，其中货币资金 3 000 000 元，大型设备（含税价）5 000 000 元，款项收到已存入银行，设备不需安装已交付使用。

2. 企业从银行取得为期 6 个月的流动资金贷款 600 000 元，款项已划转到企业存款户中。

3. 企业收到开户银行通知，向中国建设银行东山支行借入的 3 年期的建设工程借款 240 000 元已到账。

4. 企业向南方工厂购入 A 材料 20 000 千克，单价 10 元/千克，买价 200 000 元，增值税进项税额 34 000 元；B 材料 1 000 千克，单价 6 元/千克，买价 60 000 元，增值税进项税额 10 200 元，开出一张面值 35 100 元，期限 2 个月的商业承兑汇票支付。其余款项用银行存款付讫。

5. 以存款支付上述材料运费 1 500 元。（按材料重量进行分摊）

6. 收到（上述第 4 题）全部采购材料，按实际成本入库，同时完成材料采购成本的计算，登记以下明细账。

"材料采购"明细账

材料名称或类别：A 材料　　　　　　　　　　　　　　　　　　单位：元

20××年		凭证号数	摘要	借方金额			贷方金额	余额
月	日			买价	采购费用	合计		
×	×							
×	×							
×	×							
			发生额和余额					

"材料采购"明细账

材料名称或类别：B 材料　　　　　　　　　　　　　　　　　　单位：元

20××年		凭证号数	摘要	借方金额			贷方金额	余额
月	日			买价	采购费用	合计		
×	×							
×	×							
×	×							
			发生额和余额					

7. 企业财务部门收到仓库转来的"发出材料汇总表"，分配各受益对象领用材料的实际成本，见下列发出材料汇总表。

品名 领用单位	A 材料		B 材料		合计金额（元）
	数量（千克）	金额（元）	数量（千克）	金额（元）	
产品生产领用——甲产品	6 000	66 000	3 000	21 000	87 000
产品生产领用——乙产品	5 000	55 000			55 000
生产车间领用	500	5 500			5 500
企业管理部门领用	1 000	11 000			11 000
合计	12 500	137 500	3 000	21 000	158 500

8. 企业劳资部门转来当月应发工资总额 1 500 000 元，其中生产甲产品工人工资 600 000 元，生产乙产品工人工资 400 000 元，车间管理人员工资 300 000 元，工厂管理

人员工资 200 000 元。工资未发放。

9. 企业财会部门从银行提取现金并发放本月工资 1 500 000 元。

10. 根据固定资产折旧计算表结果，本月应计提固定资产折旧额为 45 000 元，其中生产用固定资产折旧额 30 000 元，工厂管理部门用固定资产折旧额 15 000 元。

11. 开出银行支票 5 600 元购买办公用品，其中工厂管理机关用办公用品 5 000 元，工厂车间管理部门用办公用品 600 元。

12. 用银行支票付本月报刊订阅费 320 元，其中企业各行政机关报刊订阅费 300 元，车间报刊订阅费 20 元。

13. 本月生产用固定资产大修修理费用 10 080 元，用银行存款支付。

14. 登记制造费用“T”字账，汇总并结转本月发生的制造费用。（制造费用按生产工人工资进行分配）

借　　　　制造费用　　　　贷

制造费用分配率 = ——————

=

甲产品应分配的制造费用 =

乙产品应分配的制造费用 =

15. 本月完工甲产品 1 000 件，无月末在产品；乙产品全部为月末在产品，无完工产品。据此进行必要的成本计算，登记生产成本明细账，写出结转本月完工甲产品的制造成本的会计分录。

"生产成本"明细分类账

产品品种或类别：甲产品　本月完工：1 000 件　　在产品：0 件　　　　　　单位：元

×年		凭证号数	摘要	借方金额（成本项目）				贷方金额	借或贷	余额
月	日			直接材料	直接人工	制造费用	合计			
			生产耗用材料							
			分配工资							
			分配制造费用							
			结转完工产品成本							
			本月发生额及余额							

"生产成本"明细分类账

产品品种或类别：乙产品　本月完工：0 件　　在产品：400 件　　　　　　单位：元

×年		凭证号数	摘要	借方金额（成本项目）				贷方金额	借或贷	余额
月	日			直接材料	直接人工	制造费用	合计			
			生产耗用材料							
			分配工资							
			分配制造费用							
			本月发生额及余额							

16. 企业收到开户银行通知，广东阳江机电公司按合同规定汇入甲商品预购款 60 000元。

17. 企业销售给北海公司甲商品 100 件，售价为 400 000 元，增值税销项税 68 000 元，全部款项收到并存入银行。

18. 企业向华广公司销售甲商品 50 件，售价为 200 000 元，增值税销项税 34 000 元，商品已经发出，款项尚未收到。

19. 企业向阳江机电公司发出甲商品 20 件，售价 80 000 元，增值税销项税 13 600 元，除预收款 60 000 元抵付货款外，金额 33 600 元收到银行转账支票并送存银行。

20. 企业向海南实业公司销售甲商品 80 件，售价 320 000 元，增值税销项税 54 400 元，共计 374 400 元，款项暂欠。

21. 用银行存款支付广告费用 26 000 元。

22. 企业对外出售不需用的 A 材料一批，取得销售收入 10 000 元，增值税销项税 1 700元。该批材料的实际成本为 6 000 元。材料已发出，款项已收到并送存银行。

23. 销售甲商品按规定本期应交纳消费税 10 000 元，城市维护建设税 2 000 元（不考虑教育费附加），税款尚未缴付。

24. 结转已售甲商品的制造成本。本期销售 250 件，加权平均单位制造成本为 3 000元，总成本为 750 000 元。

25. 企业收到购货单位因违约的罚款 5 000 元，款项已收到并存入银行。

26. 企业用银行存款 10 000 元捐赠给乐昌灾区。

27. 企业以存款支付流动资金借款利息 3 500 元，以存款支付公司费用 28 000 元。

28. 企业收到被投资企业分来利润 500 000 元（未纳所得税），款项收到并已存入银行。

29. 期末将各项损益类账户转入“本年利润”账户，同时完成下列计算，计算当期利润。

营业利润 = 营业收入 − 营业成本 − 营业税金及附加 − 销售费用 − 管理费用 − 财务费用 + 投资收益 =

营业收入 = 主营业务收入 + 其他业务收入 =

营业成本 = 主营业务成本 + 其他业务成本 =

利润总额 = 营业利润 + 营业外收入 − 营业外支出 =

30. 计算本期应交所得税额，所得税率为 25%。并将所得税转入“本年利润”账户。

应交所得税额 = 利润总额 × 所得税率（25%）=

31. 将本期净利润转入“利润分配——未分配利润”账户。

32. 企业按净利润的 10% 提取盈余公积。

提取公积金 = 净利润 × 10% =

33. 分配给投资者利润 150 000 元。

34. 将“利润分配”其他账户的余额转入“利润分配——未分配利润”。

登记下列“T”字账，结出本期发生额和期末余额。

借　材料采购　贷

借　应交税费　贷

借　银行存款　贷

借　库存现金　贷

借　原材料　贷

借　预收账款　贷

借　应收票据　贷

借　长期借款　贷

借　固定资产　贷

借　生产成本　贷

借 制造费用 贷

借 实收资本 贷

借 主营业务收入 贷

借 其他业务收入 贷

借 主营业务成本 贷

借 营业税金及附加 贷

借 应收账款 贷

借 应付票据 贷

借 销售费用 贷

借 其他业务成本 贷

借 管理费用 贷

借 库存商品 贷

借　应付职工薪酬　贷

借　累计折旧　贷

借　财务费用　贷

借　营业外收入　贷

借　营业外支出　贷

借　短期借款　贷

借　投资收益　贷

借　本年利润　贷

借　所得税费用　贷

借　利润分配　贷

借　应付股利　贷

借　盈余公积　贷

第五章　会计凭证习题

一、填空题

1. 会计凭证按填制程序和用途分类，可分为__________和__________两大类。

2. 原始凭证按来源不同，可分为__________和__________。

3. 原始凭证按照填制手续及内容不同，可以分为__________、__________和__________。

4. 原始凭证按照格式不同，可以分为__________和__________。

5. 原始凭证的基本内容有__________、__________、__________、__________、__________、__________和有关人员的签章。

6. __________是会计人员根据审核无误的原始凭证按照经济业务事项的内容加以归类、整理，并据以按照会计准则和记账规则确定会计分录后所填制的会计凭证。

7. 记账凭证按其用途的不同，可分为__________和__________。

8. 专用记账凭证分为__________、__________和__________三种。

9. 记账凭证按其填制方式的不同，可以分为__________和__________。

10. 从银行提取现金时，编制__________凭证。

11. 收款凭证、付款凭证和转账凭证是分别用来记录__________、__________和__________的凭证。

12. __________是指用来反映所有经济业务的记账凭证，为各类经济业务所共同使用，因此也称标准凭证，其格式一般同转账凭证的格式相同。

13. __________是从取得原始凭证和编制记账凭证开始，经过审核、记账、装订到归档为止所进行的流程。

14. 各种记账凭证必须按规定__________、__________、__________地填制。

15. 出纳人员在办理收款或付款业务后，应在凭证上加盖“__________”或“__________”的戳记

二、单项选择题

1. 下列属于累计凭证的是（　　）。

A. 领料单　　B. 限额领料单

C. 耗用材料汇总表　　D. 工资汇总表

2. （　　）是用来记录货币资金付款业务的凭证，它是由出纳人员根据审核无误的原始凭证填制的。

A. 收款凭证　　B. 付款凭证　　C. 转账凭证　　D. 累计凭证

3. 企业购进原材料 60 000 元，款项未付。该笔经济业务应编制的记账凭证是（　　）。

A. 收款凭证　B. 付款凭证　C. 转账凭证　D. 以上均可

4. 属于自制原始凭证的是（　　）。

A. 派工单　B. 领料单　C. 购物发票　D. 银行对账单

5. 对将现金存入银行的业务应编制的记账凭证是（　　）。

A. 现金付款凭证　B. 现金收款凭证

C. 银行收款凭证　D. 银行付款凭证

6. 会计人员审核原始凭证时，发现其金额有差错，应由（　　）。

A. 会计人员重开　B. 经办人员重开

C. 原填制单位重开　D. 领导重开

7. 在原始凭证上书写阿拉伯数字，错误的做法是（　　）。

A. 金额数字前书写货币币种符号

B. 币种符号与金额数字之间要留有空白

C. 币种符号与金额数字之间不得留有空白

D. 数字前写有币种符号的，数字后不再写货币单位

8. 下列属于通用凭证的是（　　）。

A. 收料单　B. 折旧计算表

C. 增值税专用发票　D. 差旅费报销单

9. 不符合原始凭证基本要求的是（　　）。

A. 从个人取得的原始凭证，必须有填制人员的签名盖章

B. 原始凭证不得涂改、刮擦、挖补

C. 上级批准的经济合同，应作为原始凭证

D. 大写和小写金额必须相等

10. 会计日常核算工作的起点是（　）。

A. 填制会计凭证　B. 财产清查

C. 设置会计科目和账户　D. 登记会计账簿

11. 开出转账支票支付购买材料价款 50 000 元时，应编制（　　）。

A. 收款凭证　B. 付款凭证　C. 转账凭证　D. 累计凭证

12. 不属于记账凭证编制基本要求的是（　　）。

A. 必须经由单位负责人签字　B. 各项内容必须完整

C. 书写应清楚、规范　D. 填制时发生错误应重新填制

13. 付款凭证的贷方科目为（　　）。

A. "库存现金"　B. "银行存款"

C. 任何一个科目　D. "库存现金"或"银行存款"

14. 会计凭证的传递，是指（　　）时止。

A. 会计凭证的填制到记账

B. 会计凭证的填制或取得时起，经审核、汇总到装订归档案保管。

C. 会计凭证经审核、记账到装订保管

D. 会计凭证经记账到装订保管

15. 记账凭证是（ ）的依据。

A. 编制原始凭证　　B. 登记账簿

C. 编制汇总原始凭证　　D. 确定会计科目

16. 可以不附原始凭证的记账凭证是（ ）。

A. 更正错误的记账凭证　　B. 从银行提取现金的记账凭证

C. 以现金发放工资的记账凭证　　D. 职工临时性借款的记账凭证

17. 下列关于原始凭证填制的说法，错误的是（ ）。

A. 对外开出的原始凭证必须加盖本单位公章

B. 凭证填写的手续必须完备，符合内部牵制要求

C. 原始凭证在填写的时候可以将错误凭证撕毁，重新编制一张

D. 需要填一式数联的凭证，各联内容应当相同

18. 记账凭证按反映的经济内容可分为（ ）。

A. 收款凭证、付款凭证和转账凭证

B. 一次凭证、累计凭证和汇总凭证

C. 复式凭证和单式凭证

D. 通用记账凭证和专用凭证

19. 折旧计算表属于（ ）。

A. 转账凭证　　B. 自制原始凭证

C. 收款凭证　　D. 付款凭证

20. 购置原材料一批，价款共计人民币七万零三元五角整，其小写金额应书写为（ ）。

A. ￥70 003. 50　　B. ￥700 003. 50

C. 700 003. 5　　D. 700 003. 50

三、多项选择题

1. 记账凭证应该是（ ）。

A. 根据审核无误的原始凭证填制的　　B. 由经办业务人员填制的

C. 由会计人员填制的　　D. 登记账簿的直接依据

2. 以下所列属于原始凭证的有（ ）。

A. 付款凭证　　B. 销货发票

C. 收料单　　D. 制造费用分配表

3. 以下所列属于一次性原始凭证的有（ ）。

A. 收料单　　B. 销货发票

C. 产品质量检验单　　D. 限额领料单

4. 收款凭证适用于（ ）。

A. 现金收入业务　　B. 现金付出业务

C. 银行存款收入业务　　　　　　　D. 转账业务

5. 购置原材料计 29 000 元，以银行存款支付 20 000 元，余下 9 000 元暂欠。则应编制（　　）。

A. 付款凭证一张　　　　　　　　B. 转账凭证一张
C. 收款凭证一张　　　　　　　　D. 累计凭证一张

6. 原始凭证的内容有（　　）。

A. 凭证的名称、日期、编号　　　B. 接受凭证的单位名称
C. 会计分录　　　　　　　　　　D. 经济业务的内容

7. 下列凭证属于外来原始凭证的有（　　）。

A. 付款收据　　　　　　　　　　B. 购货发货票
C. 施工单　　　　　　　　　　　D. 出差人员车票

8. 原始凭证的填制要求有（　　）。

A. 记录真实　　B. 内容齐全　　C. 手续完备　　D. 书写规范

9. 记账凭证填制的要求有（　　）。

A. 摘要要简明　　B. 分录要正确　　C. 要连续编号　　D. 要标明附件

10. 记账凭证审核的主要内容有（　　）。

A. 是否附有原始凭证，所记内容与原始凭证是否一致
B. 应借应贷的会计科目与金额是否一致
C. 是否与经手人签名盖章
D. 摘要、项目、日期是否填列齐全、清楚

四、判断题（正确的打√，不正确的打×）

1. 原始凭证是登记账簿的间接依据，记账凭证是账簿记录的直接依据。（　　）
2. 在编制记账凭证时，原始凭证就是记账凭证的附件。（　　）
3. 在证明经济业务发生，据以编制记账凭证的作用方面，自制原始凭证与外来原凭证具有同等的效力。（　　）
4. 记账凭证都是累计凭证。（　　）
5. 会计凭证，也称原始凭证，是登记账簿的基本依据。（　　）
6. 所有的会计凭证，都能作为登记总账账簿的直接依据。（　　）
7. 把多项经济业务合并登记在一起的记账凭证，称为复式记账凭证。（　　）
8. 现金和银行存款之间的收付业务只能编制收款凭证。（　　）
9. 由于记账凭证是登记账簿的依据，所以，会计凭证的审核就是指记账凭证。（　　）
10. 如果某项经济业务需要编制几张记账凭证时，可采用“分数编号法”。（　　）

五、简答题

1. 对原始凭证进行审核的要点是什么？

2. 原始凭证分类有哪些？

3. 原始凭证的书写有哪些要求？

4. 记账凭证的定义是什么？

5. 记账凭证的基本内容应有哪些？

6. 对记账凭证进行审核的要点是什么？

7. 记账凭证如何进行编号？

8. 记账凭证的分类有哪些?

9. 如何填制记账凭证?

10. 会计凭证的保管有哪些要求?

第六章　会计账簿习题

一、填空题

1. 账簿按其用途可分为__________账簿、__________账簿和__________登记簿。

2. 账簿按外形特征可分为__________、__________、__________账簿。

3. 按国家会计制度的规定，企业必须设置__________日记账和__________日记账。

4. 定期对账的内容，主要包括账证核对、__________、__________。

5. 常见的错账更正方法有__________、__________、__________三种。

6. 多栏式明细账主要适用于费用、__________、__________和__________等科目的明细核算。

7. 数量金额式明细账适用于既需要反映__________，又需要反映__________的经济业务。

8. 序时账簿：又称日记账，日记账可分为__________和__________两类。

9. 会计账簿种类很多，账页格式也不一样，登记方式也不尽相同，但各种账簿都要具备的基本内容包括：__________、__________、__________。

10. 账页是用来记录经济业务事项的载体，其格式反映经济业务内容的不同而有所不同。但基本内容应该包括：账户名称、__________、__________、__________、__________、__________。

11. 结账工作也是__________的先决条件。

12. __________是编制会计报表的主要依据。

二、单项选择题

1. 账簿按（　　）分为序时账、分类账和备查账。
   A. 用途　B. 经济内容　C. 外表形式　D. 会计要素

2. 账簿按（　　）不同，可以分为订本账、活页账和卡片账。
   A. 用途　B. 外表形式
   C. 提供核算指标的详细程度　D. 经济内容

3. 下列各项中，适用于卡片账的是（　　）。
   A. 库存现金日记账　B. 总账
   C. 银行日记账　D. 固定资产明细账

4. 库存现金日记账和银行存款日记账由（　　）登记。
   A. 财务负责人　B. 经办人员　C. 总账会计　D. 出纳人员

5. 下列各项，只用蓝字更正的是（　　）。

A. 补充登记法　B. 红字冲销法　C. 划线更正法　D. 以上都不对

6. 总分类账和日记账必须采用（　　）账簿。

A. 订本式　B. 卡片式　C. 活页式　D. 分类式

7. 在结账以前，如果发现账簿记录中的数字或文字错误，而记账凭证并没有错误，可采用（　　）进行更正。

A. 划线更正法　B. 红字更正法　C. 补充登记法　D. 撕掉重填

8. 在记账后，如果发现记账凭证中应借、应贷的账户发生错误，或实记金额大于应记金额，可采用（　　）进行更正。

A. 划线更正法　B. 红字更正法　C. 补充登记法　D. 蓝字更正法

9. 下列关于总账的登记方法说法错误的是（　　）。

A. 总分类的登记方法取决于账务处理程序

B. 总分类账可以根据汇总记账凭证登记

C. 总分类账可以根据科目汇总表登记

D. 总分类账不可根据记账凭证直接登记

10. 在记账后，发现记账凭证中应借、应贷的账户并无错误，只是所填金额小于应填金额，可采用（　　）进行更正。

A. 划线更正法　B. 红字更正法　C. 补充登记法　D. 蓝字更正法

11. 下列各项中，适用于数量金额式账簿的是（　　）。

A. 库存现金日记账　B. 管理费用明细账

C. 原材料明细账　D. 固定资产明细账

12. 普通日记账按用途分属于（　　）。

A. 序时账簿　B. 分类账簿　C. 备查账簿　D. 订本式账簿

13. 将账簿记录与记账凭证、各种账簿的记录之间、账簿记录与实物、日记账与库存现金、银行对账单进行核对，会计上叫做（　　）。

A. 查账　B. 结账　C. 复核　D. 对账

14. 总分类账只采用货币计算单位进行登记，可以采用（　　）。

A. 多栏式　B. 数量金额式　C. 三栏式　D. 横线登记式

15. 根据《会计档案管理办法》，各种明细账、日记账的保管期限为（　　）。

A. 5 年　B. 10 年　C. 15 年　D. 25 年

16. 企业的结账时间应为（　　）。

A. 每项经济业务登账后　B. 每日终了时

C. 一定时期终了时　D. 会计报表编制后

17. （　　）采用多栏式明细账。

A. 生产成本明细账　B. 应收账款明细账

C. 短期借款明细账　D. 原材料明细账

18. 某企业行政管理部门耗用材料 5 000 元，填制记账凭证时，误记录如下，并已登记入账。

借：制造费用　　　　　　　　　　　　　　　　5 000

　　贷：原材料　　　　　　　　　　　　　　　　5 000

月末结账时，发现上述错账，应采用的更正方法是（　　）。

A. 划线更正法　　B. 红字更正法　　C. 补充登记法　　D. 重新登记

19.（　　）是会计核算的中心环节。

A. 填制和审核会计凭证　　B. 进行成本计算

C. 设置和登记账簿　　D. 编制财务会计报告

20. 在登记账簿过程中，每一账页的最后一行及下一页第一行都要办理转页手续，是为了（　　）。

A. 便于查账　　B. 防止遗漏

C. 防止隔页　　D. 保持记录的连续性

21. 会计账簿暂由本单位财务会计部门保管（　　），期满之后，由财务会计部门编造清册移交本单位的档案部门保管。

A. 1 年　　B. 3 年　　C. 5 年　　D. 10 年

22. 登记会计账簿的依据是（　　）。

A. 经济业务　　B. 会计凭证　　C. 会计分录　　D. 会计科目

23. 设置和登记账簿是（　　）的基础。

A. 复式记账　　B. 填制记账凭证

C. 编制会计分录　　D. 编制会计报表

24. 账簿中书写的文字和数字一般应占格距的（　　）。

A. 1/3　　B. 1/2　　C. 2/3　　D. 3/4

25. 下列做法中，不符合会计账簿的记账规则的有（　　）。

A. 账簿中书写的文字和数字一般应占格距的 1/2

B. 登记后在记账凭证上注明已经登账的符号

C. 使用圆珠笔登账

D. 按账簿页次顺序连续登记，不得跳行隔页

三、多项选择题

1. 会计账簿的基本构成包括（　　）。

A. 封面　　B. 扉页　　C. 使用说明　　D. 账页

2. 账簿按其用途不同可分为（　　）。

A. 日记账　　B. 订本账　　C. 活页账　　D. 分类账

E. 备查账　　F. 卡片账

3. 账簿按外表形式分类，可分为（　　）。

A. 订本账　　B. 活页账　　C. 卡片账　　D. 分类账

4. （　　）账簿在使用后，不再继续登记时，必须装订成册，妥善保管。

A. 分类账　　B. 活页账　　C. 卡片账　　D. 订本账

5. 下列属于只需要进行金额核算的三栏式明细账的是（　　）。

A. 应收账款明细账　　B. 应付账款明细账

C. 制造费用明细账　　D. 管理费用明细账

6. 下列明细账适用于既要核算金额又要核算数量的数量金额式明细账的是（　　）。

A. 原材料明细账　　B. 生产成本明细账

C. 库存商品明细账　　D. 销售费用明细账

7. 记账时，要用（　　）书写。

A. 蓝黑墨水笔　　B. 碳素墨水笔　　C. 圆珠笔　　D. 铅笔

8. 下列情况可用红色墨水笔登记账簿的是（　　）。

A. 按红字冲账的记账凭证，冲销错账

B. 在不设借、贷等栏的多栏式账页中，登记减少数

C. 三栏式账户的余额栏前未标明记账方向的在余额栏登记负数余额

D. 会计制度规定可以用红字登记的其他会计分录

9. 账簿记录发生错误时，应根据错账的具体情况，按规定的方法进行更正，而不得（　　）。

A. 涂改　　B. 挖补

C. 刮擦　　D. 用退色药水消除字迹

10. 对账的主要内容一般包括（　　）。

A. 账证核对　　B. 账账核对　　C. 账实核对　　D. 账表核对

11. 为了核算一定时期的经营成果，各单位都必须按会计制度的规定，在（　　）进行结账。

A. 月中　　B. 月末　　C. 季末　　D. 年末

12. 必须采用订本式账簿的是（　　）。

A. 库存现金日记账　　B. 固定资产明细账

C. 银行存款日记账　　D. 管理费用总账

13. 下列项目中，应当建立备查账的是（　　）。

A. 临时租入的固定资产　　B. 接受外单位的捐赠

C. 收到的商业汇票　　D. 无形资产

14. 在会计账簿登记中，可以用红色墨水记账的有（　　）。

A. 更正会计科目和金额同时错误的记账凭证

B. 登记减少数

C. 未印有余额方向的，在余额栏内登记相反方向数额

D. 更正会计科目正确，多记金额的记账凭证

15. 根据《会计档案管理办法》的有关规定，（　　）的保管期限为15年。

A. 总账　　B. 明细账　　C. 日记账　　D. 辅助账

16. 结账的内容包括（ ）。

A. 资产账户　　B. 负债账户

C. 所有者权益账户　　D. 各种损益类账户

17. 下列符合登记会计账簿基本要求的是（ ）。

A. 文字和数字的书写应占格距的1/3

B. 不得使用圆珠笔书写

C. 应连续登记，不得跳行、隔页

D. 无余额的账户，在“借或贷”栏内写“0”

18. 账账核对包括（ ）。

A. 总账有关账户的余额核对

B. 总账与明细账核对

C. 总账与日记账核对

D. 会计部门的财产物资明细账与财产物资保管和使用部门的有关明细账核对

19. 账证核对指的是核对会计账簿记录与原始凭证、记账凭证的（ ）是否一致，记账方向是否相符。

A. 时间　　B. 凭证字号　　C. 内容　　D. 金额

20. 下列需要划双红线的是（ ）。

A. 在“本月合计”的下面　　B. 在“本年累计”的下面

C. 在12月末的“本年累计”的下面　　D. 在“本年合计”下面

四、判断题（正确的打√，不正确的打×）

1. 使用订本账可以避免账页的散失，防止随意抽换账页。（ ）

2. 总分类账和明细分类账必须采用活页账。（ ）

3. 企业可以用银行对账单或其他方法代替银行存款日记账，其他明细分类账可以根据情况而定。（ ）

4. 库存现金日记账一般采用“三栏式”，基本结构为“借方”、“贷方”和“余额”三栏。（ ）

5. 银行存款日记账应定期与银行对账单核对，至少每半月核对一次，并编制“银行存款余额调节表”。（ ）

6. 总分类账能够全面、总括地反映经济活动情况，并对明细账起着统驭控制作用。（ ）

7. 总分类账一般采用“三栏式”，其基本结构为“收入”、“支出”和“结余”三栏。（ ）

8. 总分类账的登记，可以根据记账凭证逐笔登记，也可以根据汇总记账凭证的汇总结果登记。（ ）

9. 生产成本、库存商品明细账适用于三栏式明细账登记。（ ）

10. 制造费用、管理费用、销售费用、本年利润等明细账适用于多栏式明细账登记。（ ）

11. 凡需要结出余额的账户，结出余额后，应当在“借或贷”栏内写明“借”或“贷”字样，以表示余额的方向。（　）

12. 库存现金日记账和银行存款日记账必须定期结出余额。（　）

13. 对于文字和数字错误，可只划去错误的部分并进行改正。（　）

14. 银行存款日记账由出纳人员根据收款凭证和付款凭证按照经济业务发生的顺序逐日逐笔进行登记。（　）

15. 备查账簿也称辅助账簿，是指对总账中未记录或记录不全的经济业务进行补充登记的账簿。（　）

16. “原材料”明细账，既要反映材料收入、发出、结存的金额，又要反映材料的数量与单价，所以应采用“多栏式”明细账的格式。（　）

17. 结账就是在把一定时期内所发生的经济业务全部登记入账的基础上，结算各种账簿的本期发生额和期末余额，为编制会计报表提供资料。（　）

18. 在记账后，发现记账凭证中应借、应贷账户并无错误，只是所填金额小于应填金额，可用红字更正法进行更正。（　）

19. 三栏式明细账的基本结构为“借方”、“贷方”和“余额”三栏。（　）

20. 备查登记簿的账页格式没有严格的限制，可以根据需要纪录的内容和管理的要求自行设计。（　）

21. 凡是没有余额的账户，必须在“借或贷”等栏目内写“0”字，并在余额栏内用“0”表示。（　）

22. 会计账簿简称账簿。账簿是由具有一定格式、相互联系的账页组成的，以审核无误的原始凭证为依据，用以全面、连续、系统地记载各种经济业务的簿籍。（　）

23. 一般情况下，总账、日记账、明细账应当每年更换一次。（　）

24. 对于会计账簿的更换，一些变动较小的明细账，可以连续使用，不必每年更换。（　）

25. 账簿中的每一账页是账户的存在形式和载体，而账户是账簿的具体内，因此账户与账簿的关系是形式与内容的关系。（　）

26. 会计人员在记账以后，若发现所依据的记账凭证中的应借、应贷会计科目有错误，则不论金额多记还是少记，均采用红字更正法进行更正。（　）

27. 会计核算中，红笔一般只在划线、改错、冲账和表示负数金额时使用。（　）

28. 总分类账一般适用于订本账；明细分类账一般适用于活页账。（　）

29. 登记账簿要用蓝黑墨水或碳素墨水书写，因此不得使用铅笔书写，但可使用钢笔或圆珠笔书写。（　）

30. 启用会计账簿时，应当在账簿封面上写明单位名称和账簿名称，并在账簿扉页上附启用表。（　）

五、简答题

1. 账簿按用途可分为哪几类？

2. 账簿按外表形式可分为哪几类？

3. 简述明细账的格式及各自的适用范围。

4. 如何登记会计账簿？

5. 对账应包括哪些主要内容？

6. 更正错账的方法有几种？分别说明各种更正方法的用途。

7. 结账的内容包括哪些？其种类有哪几种？

六、业务处理题

习题一　库存现金日记账的登记方法

资料：广昌机械公司2012年8月初“库存现金”账户借方余额800元，8月份发生如下1~7项库存现金收、付业务。

1. 8月2日，以库存现金250元，购买办公用品文件夹。
2. 8月2日，出纳员从银行提取现金800元备用。
3. 8月2日，以现金300元支付办公用品费。
4. 8月10日，以现金支付市内材料采购运杂费60元。
5. 8月15日，从银行存款提取现金28 000元，备发职工工资。
6. 8月19日，现金支付市内零星材料采购款150元。
7. 8月30日，以现金支付李新报差旅费80元。

要求：编制会计分录，并根据收付款凭证登记三栏式库存现金日记账，结出收付发生额及余额。

库存现金日记账

2012年		凭证		摘要	对方科目	收入	支出	余额
月	日	种类	号数					

习题二　银行存款日记账的登记方法

资料：新华公司2012年5月银行存款日记账月初借方余额为160 000元，5月发生如下1～10项经济业务。

1. 5月1日，开出转账支票一张，归还前欠A工厂材料采购款25 000元。
2. 5月4日，开出转账支票一张，购买办公用品200元。
3. 5月6日，收到C工厂归还所欠货款转账支票一张，金额为34 000元。
4. 5月9日，收到D工厂归还所欠货款58 500元，已由银行划转。
5. 5月12日，E公司委托银行向本公司收取劳务费1 500元，已划款支付（在制造费用列支）。
6. 5月13日，预收货款，收到转账支票一张，计14 000元。
7. 5月15日，提取现金20 000元备发工资。
8. 5月25日，开出转账支票一张，向F公司预付采购钢材款13 000元。
9. 5月31日，委托银行将6 000元汇给G厂，偿还所欠修理费。
10. 5月31日，以银行存款支付业务招待费4 000元。

要求：根据以上经济业务编制会计分录并登记银行存款日记账，结出月末余额。

银行存款日记账

2012年		凭证号数	摘要	对方科目	收入	付出	余额
月	日						

习题三 错账的更正方法

资料：某企业 2012 年 6 月底结账时发现几笔错账。

1. 6 月 10 日，生产 A 产品领用材料一批，计 15 000 元。编制的记账凭证为：

借：生产成本 1 500

贷：原材料 1 500

2. 6 月 30 日，分配结转本月发生的制造费用 6 800 元。编制的记账凭证为：

借：生产成本 8 600

贷：制造费用 8 600

3. 6 月 30 日，预提应由本月负担的银行借款利息 500 元。编制的记账凭证为：

借：管理费用 500

贷：应付利息 500

4. 8 月 31 日，结转本月完工产品生产成本 65 000 元。编制的记账凭证为：

借：库存商品 65 000

贷：生产成本 65 000

但在登记总账时，误记为 56 000 元。

要求：根据上述资料，区别错账性质，采用适当的方法予以更正。

第七章 财产清查习题

一、填空题

1. 财产清查按其清查范围的大小，可分为__________ 和 __________。

2. 对库存现金的盘点一般采用__________ 法。

3. __________是指需要在物资明细账中逐笔登记增加、减少数，并从账面上随时计算出结存数的盘存制度。

4. 存货盘点完毕后，应根据“盘存单”和相应的材料物资账簿的记录填制__________，它是调整账簿记录的原始依据，也是分析账存数和实存数发生差异的原因、明确经济责任的原始证明材料。

5. 固定资产的盘盈应通过__________科目来处理。

二、单项选择题

1. 财产清查是通过对各项财产物资的盘点或核对，来查明（　　）是否相符的一种专门方法。

A. 账簿记录与会计凭证　　B. 有关会计账簿之间
C. 实存数与账存数　　D. 会计账簿与财务报表

2. 库存现金的清查应采用（　　）。

A. 核对账目法　　B. 实地盘点法
C. 函证核对法　　D. 技术推算法

3. 对债权债务的清查一般采用（　　）。

A. 实地盘点法　　B. 技术推算法
C. 函证核对法　　D. 抽样盘点法

4. 永续盘存制的缺点为（　　）。

A. 不能对存货的收、发进行详细记录
B. 不利于对存货进行严格管理
C. 无法随时得到账面结存数
D. 核算工作量较大

5. 采用“实地盘存制”，平时对财产物资的记录（　　）。

A. 只登记收入数，不登记发出数
B. 只登记发出数，不登记收入数
C. 先登记收入数，后登记发出数
D. 先登记发出数，后登记收入数

6. 下列哪种物资适合使用技术推算法进行盘点（　　）。

A. 电脑　　B. 金银首饰

C. 银行存款　　D. 建筑工地的沙石

7. 函证核对法一般适用于（　　）的清查。

A. 固定资产　　B. 库存商品　　C. 库存现金　　D. 预付账款

8. 经过“银行存款余额调节表”调整后的银行存款余额为（　　）。

A. 应和企业银行存款日记账的余额一致

B. 应和银行对账单的余额一致

C. 企业可动用的银行存款的实有余额

D. 以上均不正确

9. “待处理财产损溢”账户是（　　）。

A. 资产类账户　　B. 负债类账户

C. 损益类账户　　D. 所有者权益类账户

10. 库存现金清查中，对于无法查明原因的短缺，应记入（　　）账户。

A. 其他应付款　　B. 其他应收款

C. 管理费用　　D. 财务费用

11. 在企业进行财产清查时，发现库存商品盘亏，在审批前正确的账务处理方法为（　　）。

A. 借：库存商品

　　贷：待处理财产损溢

B. 借：待处理财产损溢

　　贷：管理费用

C. 借：管理费用

　　贷：待处理财产损溢

D. 借：待处理财产损溢

　　贷：库存商品

12. 存货毁损属于非常损失的部分，应批准后，扣除保险公司赔款和残料价值之后，应借记（　　）账户。

A. 营业外支出　　B. 营业外收入

C. 主营业务成本　　D. 管理费用

13. 盘盈的固定资产，在审批前应贷记（　　）账户。

A. 以前年度损益调整　　B. 营业外收入

C. 待处理财产损溢　　D. 其他业务收入

14. 盘亏的固定资产净损失，报经批准转销时，一般应借记（　　）账户。

A. 资本公积　　B. 管理费用

C. 其他业务成本　　D. 营业外支出

15. 财产清查中发现确实无法偿付的应付账款，经批准后应转入（　　）账户。

A. 营业外收入　　B. 其他应收款　　C. 资本公积　　D. 管理费用

三、多项选择题

1. 造成账实不符的原因主要有（　　）。

A. 财产物资的自然损耗　　B. 财产物资收发计量错误

C. 未达账项　　D. 会计账簿的漏记、重记、错记

2. 出纳离职办理岗位交接前进行的清查属于（　　）。

A. 全面清查　B. 局部清查　C. 定期清查　D. 不定期清查

3. 下列属于定期清查的是（　　）。

A. 年终决算前的清查

B. 每日下班前对库存现金的清查

C. 上级主管部门临时对企业进行检查而进行的财产清查

D. 因仓库保管人员更换而进行的库存清查

4. 财产清查按其清查的范围不同，可分为（　　）。

A. 全面清查　B. 局部清查　C. 定期清查　D. 不定期清查

5. 下列项目中通常应采用实地盘点的方法有（　　）。

A. 银行存款　B. 固定资产　C. 应收账款　D. 库存现金

6. 对于存货的清查，可采用的清查方法包括（　　）。

A. 实地盘点法　B. 抽样盘点法　C. 账目核对法　D. 技术推算法

7. 在财产清查的过程中，下列可作为调整账面记录的原始凭证有（　　）。

A. 库存现金盘点报告表　　B. 银行存款余额调节表

C. 往来款项清查报告表　　D. 实存账存对比表

8. 在银行存款对账中，未达账项包括（　　）。

A. 银行已收款入账而企业未收款入账

B. 企业未付款入账而银行已付款入账

C. 企业未付款入账，银行也未付款入账

D. 银行已收款入账，企业也收款入账

9. 财产物资的盘存制度包括（　　）。

A. 实地盘存制　B. 永续盘存制　C. 权责发生制　D. 收付实现制

10. 财产清查前，要做好准备工作，主要包括（　　）。

A. 会计人员保证账证、账账之间相符

B. 实物保管人员对各项实物排列整齐

C. 制定盘点计划、安排人员

D. 准备好财产清查工具和单据

11. “待处理财产损溢账户”借方登记的内容包括（　　）。

A. 财产物资的盘亏数额

B. 财产物资的毁损数额

C. 财产物资盘亏的批准转销数额

D. 财产物资盘盈的批准转销数额

12. 对于财产清查结果的账务处理程序，下列表述正确的有（　　）。

A. 分审批前和审批后两步处理

B. 第一步进行账簿记录的调整，保持账实一致

C. 小金额的差异可无须审批，直接作收益或损失处理

D. 第二步根据审批意见，对财产物资清查结果落实责任，进行账务处理

13. 对于盘亏的存货，根据原因的不同，经批准处理，可能借记（　　）账户。

A. 营业外支出　　B. 管理费用　　C. 其他应收款　　D. 利润分配

四、判断题（正确的打√，不正确的打×）

1. 企业每年年末对财产物资进行的盘点，从时间上属定期盘点，从范围上属局部盘点。（　　）

2. 对于库存现金，只要保证出纳员每天与日记账核对相符，就无需专门进行清查。（　　）

3. 存货的清查是一般是通过实地盘点进行的，盘点时，一般由会计独自负责清点，仓库保管人员无须在场。（　　）

4. 在企业撤销或合并时，只需要对企业的大额财产进行重点清查。（　　）

5. 对于未达账项应编制银行存款余额调节表进行调节，同时对未达账项应编制记账凭证调整入账。（　　）

6. 银行存款账实不符肯定是因为存在未达账项。（　　）

7. 实地盘存制的最大缺点是：期末通过盘点来倒挤出本期财产物资减少的数量和金额，如果管理中出现问题，不易被发现。（　　）

8. 无法查明原因造成的库存现金长款应记入营业外收入。（　　）

9. 对企业存货进行清查后，根据清查结果要编制“实存账存对比表”，该表只需会计签名认可。（　　）

10. 盘盈的固定资产账务处理应通过“以前年度损益调整”科目，经审批处理后，该科目金额应转入“营业外收入”中，期末无余额。（　　）

五、简答题

1. 财产清查的含义是什么？

2. 财产清查的内容如何进行分类？

3. 财产物资的盘存制度包括哪两种？各自的含义是什么？

4. 什么叫未达账项？未达账项产生的原因是什么？

5. 简述库存现金的清查方法。

六、业务处理题

习题一　银行存款余额调节表的编制

资料：某企业银行存款日记账与银行对账单信息。

某工业企业2012年9月银行存款日记账记录如下：

(9月1日至9月19日记录略)

1. 9月20日开出支票一张，支付购入材料的货款5 500元，支票号码08563#。
2. 9月21日存入销货款转账支票3 400元，支票号码07681#。
3. 9月24日开出支票一张，支付购料的运杂费500元，支票号码08564#。
4. 9月26日开出支票一张，支付下季度的房租1 800元，支票号码08565#。
5. 9月27日收到销货款转账支票15 700元，支票号码0962#。
6. 9月30日开出支票一张，支付日常零星费用1 000元，支票号码08566#。
7. 9月30日银行存款日记账余额30 000元。

银行对账单所列9月20日至9月30日经济业务如下：

(9月1日至9月19日记录略)

1. 9月22日支付企业开出支票一张，金额为5 500元，支票号码08563#。
2. 9月24日收到销售款转账支票3 400元，支票号码07681#。
3. 9月26日银行为企业代付水电费1 100元。
4. 9月27日支付企业开出一张，金额为500元，支票号码08564#。
5. 9月30日代收外地企业汇来货款7 500元。
6. 9月30日结算银行存款利息700元。
7. 9月30日银行对账单金额24 200元。

要求：根据以上资料，核对企业银行存款日记账和银行对账单，并根据核对结果编制银行存款余额调节表，确定企业2012年9月30日银行存款的实际数。

银行存款余额调节表

2012年9月30日

项目	金额	项目	金额
企业银行存款日记账的账面余额 加：银行已收，企业未收的款项 减：银行已付，企业未付的款项		银行对账单的余额 加：企业已收，银行未收的款项 减：企业已付，银行未付的款项	
调节后的银行存款余额		调节后的银行存款余额	

习题二　库存现金盘点报告表的编制

资料：三江公司2012年10月15日进行库存现金盘点时的相关情况。

当日库存现金日记账余额为850元，实际盘点数为815.62元。当日将盘点情况上报主管领导，10月18日，经调查后，审批结果为：短缺的34.38元中，其中34元为出纳工作失误，少收了货款，应由出纳赔偿；另外0.38元原因不明，由公司承担损失。

要求：根据以上资料填写库存现金盘点报告表并对上述清查过程进行会计账务处理。

库存现金盘点报告表

单位名称：　　　　年　月　日　　　　单位：元

实存金额	账存金额	对比结果		备注
		盘盈（长款）	盘亏（短款）	
				略

负责人（签章）：略　　盘点人（签章）：略　　出纳员（签章）：略

习题三 清查过程的会计账务处理

资料：三江公司2012年12月31日对企业进行全面清查，发现如下1~7项有关情况。

1. A材料账面结存数量600千克，单价为40元，金额24 000元，盘点实际存量为590千克。

2. B材料账面结存数量250千克，单价为20元，金额5 000元，全部毁损。

3. C材料账面结存数量1 000千克，单价为50元，金额50 000元，盘点实际存量为1 001千克。

4. 盘亏电机一部，原价35 000元，账面已提折旧12 000元。

5. 发现账外切割机一台，估计同类全新机器的市场价格为10 000元，七成新。

6. 甲公司欠三江公司货款33 000元，由于甲公司经营不善，已破产，该笔应收货款全部无法收回。

7. 应付长河公司的一笔货款10 000元，因长河公司撤销，长期无法联系导致一直未有偿还。

上列各项盘盈、盘亏和损失，经调查原因如下，相关领导已审批。

1. 盘亏的A材料经查明其中6千克为自然定额损耗，4千克为保管人员失职造成的丢失，责成过失人赔偿。

2. 盘亏的B材料经查明全部为意外事故造成的损失，其中可获得保险公司赔偿4 000元，尚有残值100元可重新投入生产利用。

3. 盘盈的C材料经查明为计量工具不准确造成的。

4. 盘亏电机系因自然灾害导致毁损，作非常损失处理。

5. 账外机器尚系以前年度账务差错造成，该机器可使用，交车间投入生产（处理时不考虑所得税和盈余公积）。

6. 无法收回的应收账项按规定程序转销，该企业采用备抵法核算坏账损失。

7. 无法偿还的应付款项，因逾期已久且经调查确实无法联系债权人，按规定程序转销。

要求：根据以上资料，上述清查过程进行会计账务处理。

第八章　会计报表习题

一、填空题

1. 反映企业在某一特定日期的财务状况的会计报表称为__________（具体报表名称）。

2. 反映企业在某一会计期间收入、费用和经营成果的会计报表称为__________（具体报表名称）。

3. 会计报表按其反映资金运动状态分类可分为__________和__________两类。资产负债表属于__________报表，利润表属于__________报表。

4. 按报表编制的时间分类，会计报表可分为__________和__________两类。

5. 月度会计报表应当于月度终了后__________对外提供；季度会计报表应当于季度终了__________后对外提供；半年度会计报表应当于半年度终了后__________对外提供；年度会计报表应当于年度终了后__________对外提供。

6. 我国企业的资产负债表一般采用__________结构。资产负债表的理论依据是：____________________。左方为__________，右方为__________和__________。

7. 利润表的利润总额计算公式为：____________________。

8. 现金流量表是从现金的__________和__________两个方面反映在一定会计期内__________、__________和__________所产生的现金流量。

9. __________表是反映构成所有者权益的各组成部分当期增减变动情况的会计报表。

二、单项选择题

1. 我国的利润表采用（　　）。

   A. 单步式　　B. 多步式　　C. 账户式　　D. 报告式

2. （　　）是反映企业经营成果的会计报表。

   A. 资产负债表　　B. 利润表

   C. 现金流量表　　D. 会计报表附注

3. 编制资产负债表所依据的会计等式是（　　）。

   A. 收入 - 费用 = 利润

   B. 资产 = 负债 + 所有者权益

   C. 借方发生额 = 贷方发生额

   D. 期初余额 + 本期借方发生额 - 本期贷方发生额 = 期末余额

4. 关于资产负债表的格式，下列说法不正确的是（　　）。

A. 资产负债表主要有账户式和报告式

B. 我国的资产负债表采用报告式

C. 账户式资产负债表分为左右两方，左方为资产，右方为负债和所有者权益

D. 资产按照流动性强弱的先后顺序排列，固定资产排在存货前面

5. 下列项目中属于非流动负债项目的是（　　）。

A. 应付票据　　B. 长期借款

C. 应付股利　　D. 应付职工薪酬

6. 可以反映企业某一特定日期财务状况的报表是（　　）。

A. 利润表　　B. 所有者权益变动表

C. 资产负债表　　D. 现金流量表

7. 某企业本月主营业务收入为 1 000 000 元，其他业务收入为 80 000 元，营业外收入为 90 000 元，主营业务成本为 760 000 元，其他业务成本为 50 000 元，营业税金及附加为 30 000 元，营业外支出为 75 000 元，管理费用为 40 000 元，销售费用为 30 000 元，财务费用为 15 000 元。则该企业本月营业利润为（　　）元。

A. 170 000　　B. 155 000　　C. 25 000　　D. 80 000

8. 某企业"应付账款"明细账期末余额情况如下：应付 A 企业贷方余额为 2 000 000元，应付 B 企业借方余额为 1 800 000 元，应付 C 企业贷方余额为 3 000 000 元，假如该企业"预付账款"明细账均为借方余额，则根据以上数据计算的反映在资产负债表上"应付账款"项目的金额为（　　）元。

A. 6 800 000　　B. 3 200 000　　C. 5 000 000　　D. 800 000

9. 珠江公司的负债为 74 550 万元、非流动资产合计为 48 990 万元、所有者权益合计为 30 000 万元，则当日该公司的流动资产合计应当为（　　）。

A. 25 560 万元　　B. 44 550 万元　　C. 18 990 万元　　D. 55 560 万元

10. 下列属于现金流量表的现金等价物的是（　　）。

A. 定期银行存款　　B. 股票投资

C. 活期银行存款　　D. 三个月内到期的短期债券

三、多项选择题

1. 下列等式正确的有（　　）。

A. 营业利润 = 营业收入 − 营业成本 − 营业税金及附加 − 期间费用 − 资产减值损失 + 公允价值变动收益（ − 公允价值变动损失） + 投资收益（ − 投资损失）

B. 期间费用 = 管理费用 + 销售费用 + 财务费用

C. 利润总额 = 营业利润 + 营业外收入 − 营业外支出

D. 净利润 = 利润总额 − 所得税费用

2. 利润表的特点是（　　）。

A. 主要根据相关账户的本期发生额编制

B. 根据相关账户的期末余额编制

C. 属于静态报表

D. 属于动态报表

3. 下列应该包括在资产负债表存货项目中的是（　　）。

A. 工程物资　B. 在途材料　C. 库存商品　D. 未完工产品

4. 下列账户中，可能影响资产负债表中“预付账款”项目金额的有（　　）。

A. 预收账款　B. 应收账款　C. 应付账款　D. 预付账款

5. 资产负债表中“货币资金”项目的期末数，应根据（　　）账户期末余额的合计数填列。

A. 短期借款　B. 库存现金

C. 其他货币资金　D. 银行存款

6. 所有者权益变动表中各项目应根据当期（　　）情况来填列

A. 净利润　B. 直接计入所有者权益的利得和损失

C. 所有者投入资本　D. 收入

7. 中期财务会计报表包括（　　）。

A. 月度财务会计报表　B. 半年度财务会计报表

C. 季度财务会计报表　D. 年度财务会计报表

8. 财务会计报告可以提供企业（　　）的信息。

A. 财务状况　B. 经营成果　C. 劳动状况　D. 现金流量

9. 企业提供的财务会计报告的使用者有（　　）。

A. 投资者　B. 债权人

C. 政府及相关机构　D. 企业管理人员、职工和社会公众等

10. 现金流量表可以提供企业（　　）的信息。

A. 经营成果　B. 所有者权益

C. 现金净额　D. 经营活动现金流入量

四、判断题（正确的打√，不正确的打×）

1. 利润表是反映企业在一定会计期间经营成果的报表，属于静态报表。（　　）

2. 净利润是指营业利润减去所得税费用后的金额。（　　）

3. 资产负债表中“固定资产”项目应根据“固定资产”账户余额直接填列。（　　）

4. 中期财务报告仅仅指半年度财务报告。（　　）

5. 企业编制内部报表可以根据企业自身情况确定报表的格式。（　　）

6. 现金流量表属于静态报表。（　　）

7. 生产成本是利润表的组成项目之一。（　　）

8. 所有者权益变动表应列示导致当期所有者权益增减变动的所有项目。（　　）

9. 资产负债表的“应收账款”项目应根据“应收账款”账户期末余额直接填列。（　　）

10. 现金流量表上反映了经营活动、投资活动和筹资活动现金的流入和流出量。（　　）

五、简答题

1. 简述我国会计报表的定义和组成部分。

2. 简述资产负债表的结构和编制依据。

3. 简述现金流量表的“现金”的含义。

六、业务处理题

习题一　资产负债表的编制

资料：珠江公司有关总分类账户及其所属明细账户期末余额信息。

1. 珠江公司 2012 年 12 月 31 日有关总分类账户期末余额及相关明细账如下表：

珠江公司 2012 年 12 月 31 日有关总分类账户期末余额表

账户名称	期末余额		账户名称	期末余额	
	借方	贷方		借方	贷方
库存现金	3 000		短期借款		200 000
银行存款	750 000		应付票据		120 000
其他货币资金	350 000		应付账款		350 000
应收票据	85 000		预收账款		60 000
应收账款	700 000		其他应付款		2 000
坏账准备		3 500	应付职工薪酬		18 000
预付账款	100 000		应交税费		102 000
其他应收款	5 000		应付股利		22 800
材料采购	450 000		长期借款		1 075 500
原材料	500 000		长期应付款		600 000
库存商品	280 000		实收资本		5 000 000

续表

账户名称	期末余额		账户名称	期末余额	
	借方	贷方		借方	贷方
生产成本	78 000		资本公积		201 200
长期股权投资	340 000		盈余公积		510 000
持有至到期投资	160 000		利润分配		286 000
长期应收款	50 000				
固定资产	4 800 000				
累计折旧		100 000			

2. 珠江公司2012年12月31日有关总分类账户所属明细账户的期末余额如下表：

总分类账户	明细分类账户	期末余额	
		借方	贷方
应收账款	应收甲公司账款	875 000	
	应收乙公司账款		175 000
应付账款	应付A公司账款		300 000
	应付B公司账款		50 000
预付账款	预付C公司账款	110 000	
	预付D公司账款		10 000
预收账款	预收E公司账款		50 000
	预收F公司账款		10 000

要求：根据上述资料，编制资产负债表。

资产负债表

编制单位：　　　　＿＿年＿月＿日　　　　单位：元

资产	期末余额	年初余额	负债及所有者权益	期末余额	年初余额
流动资产：			流动负债：		
货币资金			短期借款		
交易性金融资产			交易性金额负债		
应收票据			应付票据		
应收账款			应付账款		
预付账款			预收账款		
应收利息			应付职工薪酬		

续表

资产	期末余额	年初余额	负债及所有者权益	期末余额	年初余额
应收股利			应交税费		
其他应收款			应付利息		
存货			应付股利		
一年内到期的非流动资产			其他应付款		
其他流动资产			一年内到期的非流动负债		
流动资产合计			其他流动负债		
非流动资产：			流动负债合计		
可供出售金融资产			非流动负债：		
持有至到期投资			长期借款		
长期应收款			应付债券		
长期股权投资			长期应付款		
投资性房地产			专项应付款		
固定资产			预计负债		
在建工程			递延所得税负债		
工程物资			其他非流动负债		
固定资产清理			非流动负债合计		
生产性生物资产			负债合计		
无形资产			所有者权益（或股东权益）：		
研发支出			实收资本（或股本）		
商誉			资本公积		
长期待摊费用			减：库存股		
递延所得税资产			盈余公积		
其他非流动资产			未分配利润		
非流动资产合计			所有者权益合计		
资产总额			负债和所有者权益总计		

习题二　利润表的编制

资料：北方有限公司2012年损益类账户发生额资料（单位：元）。

科目名称	借方	贷方
主营业务收入		8 000 000
主营业务成本	6 000 000	
营业税金及附加	100 000	
管理费用	400 000	
销售费用	350 000	
财务费用	30 000	
营业外收入		20 000
营业外支出	10 000	
其他业务收入		200 000
其他业务成本	150 000	
投资收益		40 000

（注：该公司所得税率为25%，假设无其他纳税调整事项。）

要求：根据上述资料编制该公司2012年的利润表。

利润表

编报单位：　　　　　　　　　　　　年　　　　　　　　　　　　单位：元

项目	行次	本期金额	上期金额
一、营业收入			
减：营业成本			
营业税金及附加			
销售费用			
管理费用			
财务费用（收益以“－”号填列）			
资产减值损失			
加：公允价值变动收益（损失以“－”号填列）			
投资收益（损失以“－”号填列）			
其中：对联营企业和合营企业的投资收益			
二、营业利润（亏损以“－”号填列）			
加：营业外收入			
减：营业外支出			

续表

项目	行次	本期金额	上期金额
其中：非流动资产处置损失			
三、利润总额（亏损总额以“-”号填列）			
减：所得税费用			
四、净利润（净亏损以“-”号填列）			
五、每股收益：			
（一）基本每股收益		—	
（二）稀释每股收益		—	

第九章　会计核算组织程序习题

一、填空题

1. 在一定会计期间内，完整的会计循环主要包括以下三个方面的内容：__________、__________、__________。

2. __________是最基本的会计核算组织程序，其他各种核算组织程序都是在它的基础上演化发展而来的。

3. 为便于编制汇总收款凭证，日常编制收款凭证时，分录形式最好是__________、__________。

4. 多栏日记账核算形式下，银行存款日记账一般采用设有专栏的__________日记账簿。

5. 多栏日记账核算形式下，“库存现金”总账是根据__________登记的。

二、单项选择题

1. 最基本的会计核算组织程序是（　　）。
   A. 记账凭证核算形式　　B. 汇总记账凭证核算形式
   C. 日记总账核算形式　　D. 科目汇总表核算形式

2. 记账凭证核算组织程序下，登记总分类账的依据是（　　）。
   A. 科目汇总表　　B. 原始凭证
   C. 记账凭证　　D. 汇总记账凭证

3. 企业的会计凭证、会计账簿、会计报表相结合的方式称为（　　）。
   A. 账簿组织　　B. 会计核算组织程序
   C. 记账工作步骤　　D. 会计组织

4. 汇总收款凭证是按（　　）。
   A. 收款凭证上的借方科目定期汇总
   B. 付款凭证上的借方科目定期汇总
   C. 收款凭证上的贷方科目定期汇总
   D. 付款凭证上的贷方科目定期汇总

5. 汇总付款凭证是按（　　）。
   A. 收款凭证上的借方科目定期汇总
   B. 收款凭证上的贷方科目定期汇总
   C. 付款凭证上的借方科目定期汇总
   D. 付款凭证上的贷方科目定期汇总

6. 汇总转账凭证是按（　　）。

A. 收款凭证上的贷方科目设置

B. 付款凭证上的贷方科目设置

C. 转账凭证上的借方科目设置

D. 转账凭证上的贷方科目设置

7. 各种账务处理程序的相同之处表现为（　　）。

A. 根据原始凭证编制汇总原始凭证

B. 根据记账凭证和有关原始凭证或原始凭证汇总表登记明细分类账

C. 根据记账凭证逐笔登记总分类账

D. 根据总分类账编制财务报表

8. 记账凭证账务处理程序的适用范围是（　　）。

A. 规模较大、经济业务量较多的单位

B. 采用单式记账的单位

C. 规模较小、经济业务量较少的单位

D. 会计基础工作薄弱的单位

9. 直接根据记账凭证逐笔登记总分类账，这种账务处理程序是（　　）。

A. 记账凭证账务处理程序

B. 科目汇总表账务处理程序

C. 汇总记账凭证账务处理程序

D. 多栏式日记账账务处理程序

10. 关于科目汇总表账务处理程序，下列说法不正确的有（　　）。

A. 科目汇总表账务处理程序可以大大减轻总账的登记工作

B. 科目汇总表账务处理程序可以对发生额进行试算平衡

C. 科目汇总表账务处理程序下，总分类账能明确反映账户的对应关系

D. 科目汇总表账务处理程序适用于规模较大、业务量较多的大中型企业

三、多项选择题

1. 科学适用的会计核算组织程序能够（　　）。

A. 减少会计人员工作量　　B. 不需登记总账

C. 节约人力和物力　　D. 不需编制会计报表

E. 提高会计工作的质量和效率

2. 汇总记账凭证核算组织程序的优点是（　　）。

A. 能反映账户对应关系

B. 能减少登记总账的工作量

C. 对于编制的汇总记账凭证的工作量小

D. 有利于会计工作的分工

E. 能起到入账前的试算平衡作用

3. 各种会计核算组织程序下，登记明细账的依据可能是（　　）。

A. 原始凭证　　B. 汇总原始凭证

C. 记账凭证　　D. 汇总记账凭证

E. 记账凭证汇总表

4. 以记账凭证为依据，按科目贷方设置，将借方科目归类汇总的凭证编制法有（　　）。

A. 汇总收款凭证编制法　　B. 汇总付款凭证编制法

C. 汇总转账凭证编制法　　D. 科目汇总表编制法

E. 汇总原始凭证编制法

5. 在汇总记账凭证核算组织程序下，应设置的凭证及账簿有（　　）。

A. 收、付款凭证　　B. 汇总的收、付款凭证

C. 转账凭证及汇总转账凭证　　D. 科目汇总表

E. 现金、银行存款日记账

6. 在各种会计核算组织程序中，能够减少登记总账工作量的核算组织程序是（　　）。

A. 记账凭证核算组织程序　　B. 科目汇总表核算组织程序

C. 汇总记账凭证核算组织程序　　D. 日记总账核算组织程序

E. 以上各种核算组织程序都可以

7. 在记账凭证核算组织程序下，不能作为登记总账直接依据的有（　　）。

A. 原始凭证　　B. 记账凭证

C. 汇总记账凭证　　D. 科目汇总表

E. 汇总原始凭证

8. 在不同的会计核算组织程序下，登记总账的依据可以是（　　）。

A. 记账凭证　　B. 汇总记账凭证

C. 科目汇总表　　D. 原始凭证

E. 汇总原始凭证

9. 规模大、业务多、使用会计科目多的单位，应该采用的核算组织程序是（　　）。

A. 记账凭证核算组织程序　　B. 科目汇总表核算组织程序

C. 汇总记账凭证核算组织程序　　D. 日记总账核算组织程序

E. 以上各种核算组织程序均可以

10. 采用汇总记账凭证核算组织程序，平时编制的记账凭证的要求是（　　）。

A. 收款凭证为一借多贷　　B. 付款凭证为多借一贷

C. 转账凭证为一借多贷　　D. 转账凭证为多借一贷

E. 收款、付款、转账凭证均可为一借一贷

11. 各种会计核算形式中，其账务处理程序相同的是（　　）。

A. 根据原始凭证编制汇总原始凭证

B. 根据原始凭证或汇总原始凭证编制记账凭证

C. 根据原始凭证、汇总原始凭证、记账凭证登记总账
D. 根据记账凭证逐笔登记总账
E. 根据明细账及总账记录编制会计报表

12. 科目汇总表核算形式下，月末应与总账核对的内容有（　　）。
A. 现金日记账　　B. 银行存款日记账
C. 科目汇总表　　D. 明细账
E. 汇总记账凭证

13. 会计核算组织程序是指下列内容的合理组织过程（　　）。
A. 会计凭证　　B. 会计科目
C. 会计账簿　　D. 会计方法
E. 会计报表

14. 日记总账核算组织程序的特点是（　　）。
A. 设置日记总账
B. 设置明细账
C. 根据记账凭证逐笔登记总账
D. 根据记账凭证逐笔登记日记总账
E. 根据记账凭证登记日记账

15. 会计核算组织程序又可称为（　　）。
A. 会计核算组织形式　　B. 凭证核算形式
C. 账务处理程序　　D. 记账程序
E. 记账方法

四、判断题

1. 记账凭证核算组织程序下，总账可以根据记账凭证逐笔登记，也可以定期汇总登记。（　　）

2. 记账凭证核算组织程序下由于总账是根据记账凭证登记的，因而，会计期末不需要对有关账簿的记录进行核对。（　　）

3. 科目汇总表汇总了有关科目的借、贷方发生额和余额。（　　）

4. 科目汇总表不仅是登记总账的依据，而且根据科目汇总表可以了解企业资金运动的来龙去脉。（　　）

5. 汇总的记账凭证不仅能体现账户之间的对应关系，而且又能起到入账前的试算平衡作用。（　　）

6. 由于汇总记账凭证核算组织程序大大减少了登记总账的工作量，因而这种核算组织程序适用于大、中、小一切的单位。（　　）

7. 日记总账既有日记账的作用，又有分类账的作用，所以一般称之为联合账簿。（　　）

8. 日记总账核算组织程序下，由于设置了日记总账，所以不需要设置现金日记账和银行存款日记账。（　　）

9. 在各种会计核算组织程序中，原始凭证都不能直接用来登记总账和明细账。（　　）

10. 不论哪种会计核算组织程序，在编制会计报表之前，都要进行对账工作。（　　）

五、简答题

1. 合理组织会计核算基本要求是什么？

2. 在我国目前的经济条件下，常用的会计核算程序主要有几种？

3. 记账凭证核算组织程序的步骤有哪些？

4. 科学合理的会计核算组织程序有什么要求？

六、业务处理题

习题一　会计核算组织程序综合题

资料：某企业采用记账凭证核算组织程序，有关资料如下。

9月1日有关账户余额如表9－1、表9－2所示。

表9－1

单位：元

会计科目	借方	贷方	会计科目	借方	贷方
库存现金	3 500		短期借款		1 570 000
银行存款	300 000		应付账款		400 000
应收账款	200 000		应交税费		50 000
其他应收款	22 000		应付股利		70 000
原材料	900 000		其他应付款		35 000
库存商品	600 000		实收资本		2 000 000
制造费用	300 000		盈余公积		150 000
固定资产	3 000 000		本年利润		300 000
累计折旧		1 000 000	利润分配	250 000	

表9－2

单位：元

材料名称	计量单位	数量	单价	金额
甲材料	千克	1 500	400	600 000
乙材料	千克	2 000	150	300 000

该企业9月份发生下列业务：

1. 9月2日购进甲材料100千克，单价400元，材料验收入库，货款由银行支付。
2. 9月5日购进乙材料400千克，单价150元，材料验收入库，货款未付。
3. 9月15日，仓库发出材料，发料汇总表如表9－3所示。

表9－3

单位：元

项目	甲材料		乙材料		合计	
	数量	金额	数量	金额	数量	金额
制造产品耗用：	120	48 000	450	67 500		115 500
A产品	70	28 000	200	30 000		58 000
B产品	50	20 000	250	37 500		57 500
行政管理部门耗用	10	4 000				4 000
合计	130	52 000	450	67 500		119 500

4. 9月16日用现金支付行政管理部门日常的零星开支2 000元。
5. 9月17日用银行存款支付房租12 000元（前已预提）。

6. 9月20日从银行提取现金50 000元以备发放工资。

7. 9月20日用现金50 000元发放工资。

8. 9月25日用银行存款8 000元支付水电费，其中A产品耗用4 000元，B产品耗用2 500元，车间管理耗用1 500元。

9. 9月25日销售A产品100件，货款180 000元存入银行。

10. 9月26日销售B产品200件，货款100 000元，收回60 000元存入银行，其余部分尚未收回。

11. 9月28日用银行存款支付销售费用3 000元。

12. 9月30日分配本月工资，其中A产品生产工人工资30 000元，B产品生产工人工资15 000元，行政管理人员工资5 000元。

13. 9月30日计提固定资产折旧，其中A产品负担3 000元，B产品负担2 000元，行政管理部门负担1 000元。

14. 9月30日结转本月完工产品成本，其中A产品完工180件，总成本216 000元，B产品完工300件，总成本120 000元。

15. 9月30日计算本月应缴纳的销售税金28 000元。

16. 9月30日结转本月的销售收入。

17. 9月30日结转本月的销售成本，其中A产品销售成本120 000元，B产品销售成本80 000元。

18. 9月30日结转本月其他各项支出。

19. 9月30日经计算本月所得税10 000元

20. 9月30日经计算本月提取的盈余公积金10 000元，应分给投资人的利润10 000元。

要求：

1. 根据以上经济业务编制会计分录（不考虑增值税）。

2. 根据收、付款凭证逐日逐笔登记现金、银行存款日记账。

3. 根据原始凭证、记账凭证登记原材料、生产成本明细账。

4. 根据记账凭证逐笔登记总分类账。

5. 编制总分类账户发生额及余额试算平衡表。

表9-4　库存现金日记账

年		凭证号		摘要	对方科目	收入	支出	结余
月	日	收	付					
略	略							
				本期发生额及余额				

表 9－5　　　　银行存款日记账

年		凭证号		摘要	对方科目	收入	支出	结余
月	日	收	付					
略	略							
				本期发生额及余额				

根据原始凭证、记账凭证登记原材料明细账：

表 9－6　　　　原材料明细账

材料名称：甲材料　　　　计量单位：千克

		凭证	摘要	收入			发出			结存		
	日			数量	单价	金额	数量	单价	金额	数量	单价	金额
			期初结存 购进材料 发出材料									
			本期发生额及期末余额									

表 9－7　　　　原材料明细账

材料名称：乙材料　　　　计量单位：千克

		凭证	摘要	收入			发出			结存		
	日			数量	单价	金额	数量	单价	金额	数量	单价	金额
			期初余额 购进材料 发出材料									
			本期发生额及余额									

根据记账凭证逐笔登记总分类账：

表 9－8

会计科目：库存现金

年		凭证号	摘要	借方	贷方	借或贷	余额
月	日						
			本期发生额及期末余额				

表 9－9

会计科目：银行存款

年		凭证号	摘要	借方	贷方	借或贷	余额
月	日						
			本期发生额及期末余额				

表 9－10

会计科目：应收账款

年		凭证号	摘要	借方	贷方	借或贷	余额
月	日						
			本期发生额及期末余额				

表 9－11

会计科目：其他应收款

年		凭证号	摘要	借方	贷方	借或贷	余额
月	日						
			本期发生额及期末余额				

表 9－12

会计科目：原材料

年		凭证号	摘要	借方	贷方	借或贷	余额
月	日						
			本期发生额及期末余额				

表 9－13

会计科目：库存商品

年		凭证号	摘要	借方	贷方	借或贷	余额
月	日						
			本期发生额及期末余额				

表 9－14

会计科目：生产成本

年		凭证号	摘要	借方	贷方	借或贷	余额
月	日						
			本期发生额及期末余额				

表 9－15

会计科目：固定资产

年		凭证号	摘要	借方	贷方	借或贷	余额
月	日						
			本期发生额及期末余额				

表 9－16

会计科目：累计折旧

年		凭证号	摘要	借方	贷方	借或贷	余额
月	日						
			本期发生额及期末余额				

表 9－17

会计科目：短期借款

年		凭证号	摘要	借方	贷方	借或贷	余额
月	日						
			本期发生额 及期末余额				

表 9－18

会计科目：应付账款

年		凭证号	摘要	借方	贷方	借或贷	余额
月	日						
			本期发生额 及期末余额				

表 9－19

会计科目：应付职工薪酬

年		凭证号	摘要	借方	贷方	借或贷	余额
月	日						
			本期发生额 及期末余额				

表 9－20

会计科目：应交税费

年		凭证号	摘要	借方	贷方	借或贷	余额
月	日						
			本期发生额 及期末余额				

表9－21

会计科目：应付股利

年		凭证号	摘要	借方	贷方	借或贷	余额
月	日						
			本期发生额及期末余额				

表9－22

会计科目：其他应付款

年		凭证号	摘要	借方	贷方	借或贷	余额
月	日						
			本期发生额及期末余额				

表9－23

会计科目：实收资本

年		凭证号	摘要	借方	贷方	借或贷	余额
月	日						
			本期发生额及期末余额				

表9－24

会计科目：盈余公积

年		凭证号	摘要	借方	贷方	借或贷	余额
月	日						
			本期发生额及期末余额				

表 9－25

会计科目：本年利润

年		凭证号	摘要	借方	贷方	借或贷	余额
月	日						
			本期发生额及期末余额				

表 9－26

会计科目：利润分配

年		凭证号	摘要	借方	贷方	借或贷	余额
月	日						
			本期发生额及期末余额				

表 9－27

会计科目：主营业务收入

年		凭证号	摘要	借方	贷方	借或贷	余额
月	日						
			本期发生额及期末余额				

表 9－28

会计科目：主营业务成本

年		凭证号	摘要	借方	贷方	借或贷	余额
月	日						
			本期发生额及期末余额				

表 9－29

会计科目：营业税金及附加

年		凭证号	摘要	借方	贷方	借或贷	余额
月	日						
			本期发生额及期末余额				

表 9－30

会计科目：管理费用

年		凭证号	摘要	借方	贷方	借或贷	余额
月	日						
			本期发生额及期末余额				

表 9－31

会计科目：销售费用

年		凭证号	摘要	借方	贷方	借或贷	余额
月	日						
			本期发生额及期末余额				

表 9－32

会计科目：所得税费用

年		凭证号	摘要	借方	贷方	借或贷	余额
月	日						
			本期发生额及期末余额				

表 9－33

会计科目：材料采购

年		凭证号	摘要	借方	贷方	借或贷	余额
月	日						
			本期发生额及期末余额				

根据总分类账户记录编制试算平衡表如下：

表 9－34　　总分类账户发生额及余额试算平衡表

会计科目	期初余额		本期发生额		期末余额	
	借方	贷方	借方	贷方	借方	贷方
库存现金						
银行存款						
应收账款						
其他应收款						
原材料						
库存商品						
生产成本						
固定资产						
累计折旧						
短期借款						
应付账款						
应交税费						
应付股利						
其他应付款						
实收资本						
盈余公积						
本年利润						
利润分配						
材料采购						
管理费用						
应付职工薪酬						

表9－34(续)

会计科目	期初余额		本期发生额		期末余额	
	借方	贷方	借方	贷方	借方	贷方
主营业务收入						
销售费用						
营业税金及附加						
主营业务成本						
所得税费用						
合计						

根据总分类账户和明细分类账户记录编制资产负债表和利润表如下：

表9－35　　资产负债表

20　年　月　日

资产	期末数	负债及所有者权益	期末数
流动资产：		流动负债：	
货币资金		短期借款	
应收账款		应付账款	
其他应收款		其他应付款	
存货		应交税费	
流动资产合计		应付股利	
非流动资产：		流动负债合计	
固定资产		所有者权益：	
		实收资本	
		盈余公积	
非流动资产合计		未分配利润	
		所有者权益合计	
资产总计		负债及所有者权益总计	

表 9 - 36　　　　　　　　　　　　　利润表

20　年　月

项目	行次	本月数	本年累计数
一、营业收入	1		略
减：营业成本	2		
营业税金及附加	4		
销售费用	7		
管理费用	9		
财务费用	10		
二、营业利润	14		
三、利润总额	20		
减：所得税费用	22		
四、净利润	25		

习题二　会计核算组织程序综合题

资料：某工厂"管理费用"总账账户 6 月 20 日有借方余额 18 500 元，6 月 21 日至 30 日发生如下 1 ~ 5 项经济业务。

1. 开出转账支票 1 500 元支付行政管理部门本月水电费。
2. 公出人员出差归来报销差旅费 800 元，付给现金。
3. 某职工因私事打长途电话费 100 元，现收回现金（前已报销）。
4. 摊销应由本月负担的保险费 600 元。
5. 月末结转本月发生的管理费用 21 300 元。

要求：1. 编制本月业务的会计分录，并说明其应编入何种汇总记账凭证。

2. 根据汇总记账凭证登记"管理费用"总分类账户（"T" 型账户），并写明摘要。

习题三　科目汇总表的编制

资料：某企业采用科目汇总表核算组织程序，6 月 30 日会计编制了如下的科目汇总表。

借方	会计科目	贷方
508	库存现金	
4 600	银行存款	
700	应收账款	
12 000	原材料	
50 000	固定资产	
3 000	管理费用	
	应付账款	2 000
	实收资本	60 000
	预收账款	2 068
	应付职工薪酬	2 600

经与有关账簿记录相核对，发现在记账和过账过程中存在错误。

1. 本月“库存现金”账户借方发生额应为 2 840 元，贷方发生额应为 2 372 元。

2. 企业用银行存款 4 000 元偿还一笔欠款，已经正确记入“应付账款”账户，但未记入“银行存款”账户。

3. 企业提取现金 500 元零用，已经正确记入“库存现金”账户，但未记入“银行存款”账户。

4. 用现金 850 元购买当月厂部办公用品，已正确记入“库存现金”账户，但未记入“管理费用”账户。

5. 用现金 50 元支付零星费用，过账时误记为：

借：管理费用　　　　500

　贷：库存现金　　　　50

要求：根据以上的资料，编制正确的科目汇总表。

科目汇总表

借方	会计科目	贷方
	库存现金	
	银行存款	
	应收账款	
	原材料	
	固定资产	
	管理费用	
	应付账款	
	实收资本	
	预收账款	
	应付职工薪酬	
	合计	

第十章　会计工作的管理与组织习题

一、填空题

1. ＿＿＿＿＿是指会计机构和会计人员按照一定目标，对企事业等单位的资金运动（或经济活动）进行预测、决策、计划、控制、检查、考核和分析的总称。

2. 会计具有两大最基本职能，一是＿＿＿＿＿，二是＿＿＿＿＿。

3. 在会计实践活动中，会计作为企业管理的一个重要部门，承担着＿＿＿＿＿的双重任务。

4. 会计管理系统按会计管理的内容可以分为资金管理子系统、＿＿＿＿＿和利润管理子系统这三个子系统。

5. 在实际工作中，会计预测的方法，一般有延伸预测法、＿＿＿＿＿和判断预测法等。

6. ＿＿＿＿＿是按照一定标准，使经济活动（或资金运动）达到预期目标的过程。

7. ＿＿＿＿＿是依据一定标准，对会计资料的正确性、完整性、系统性和经济业务的真实性、合法性、合理性进行的检查。

8. ＿＿＿＿＿是对责任单位财务目标完成情况进行的检查与评价。

9. ＿＿＿＿＿是指各单位依据国家的有关法律法规，结合单位的具体情况和内部管理的需要而制定的各种会计规章制度。

10. 各单位应当根据《中华人民共和国会计法》和国家统一会计制度的规定，结合单位类型和内部管理的需要，建立健全相应的＿＿＿＿＿。

11. 国有的和国有资产占控股地位或者主导地位的大、中型企业必须设置＿＿＿＿＿。

12. ＿＿＿＿＿是内部控制制度的重要组成部分。

13. 内部牵制制度，也称钱账分管制度，是＿＿＿＿＿的重要组成部分。

14. ＿＿＿＿＿是会计人员从事会计工作的“准入证”或“通行证”。

15. 会计档案是指“会计凭证、会计账簿和＿＿＿＿＿等会计核算专业资料，是记录和反映单位经济业务的重要史料和证据”。

16. ＿＿＿＿＿是会计电算化的最高阶段，在这个阶段，由会计辅助决策支持软件来完成决策工作。

二、单项选择题

1. 《中华人民共和国会计法》明确规定，管理全国会计工作的部门是（　　）。

A. 国务院　　B. 财政部
C. 全国人民代表大会　　D. 注册会计师协会

2. 在大中型企业中，领导和组织企业会计工作和经济核算工作的是（　　）。
A. 厂长　　B. 注册会计师　　C. 高级会计师　　D. 总会计师

3. 关于非集中核算组织形式，下列说法中正确的是（　　）。
A. 总分类核算和对外报表应由厂级会计部门集中进行
B. 车间级会计部门负责独立组织本车间的全套会计循环
C. 车间级会计部门只负责登记原始记录和填制原始凭证
D. 以上说法都不对

4. 关于会计部门内部的岗位责任制，下列说法中错误的是（　　）。
A. 必须贯彻钱账分设、内部牵制的原则
B. 人员分工可以一岗一人，也可以一岗多人或多岗一人
C. 会计人员合理分工，能划小核算单位，缩小会计主体，简化会计工作
D. 应保证每一项会计工作都有专人负责

5. 会计人员的职责中不包括（　　）。
A. 进行会计核算　　B. 实行会计监督
C. 编制预算　　D. 决定经营方针

6. 会计人员对不真实、不合法的原始凭证应（　　）。
A. 予以退回　　B. 更正补充
C. 不予收理　　D. 无权自行处理

7. 企业年度会计报表的保管期限为（　　）。
A. 5 年　　B. 15 年　　C. 25 年　　D. 永久

8. 在一些规模小，会计业务简单的单位，可以（　　）。
A. 单独设置会计机构　　B. 在有关机构中配备专职会计人员
C. 在单位领导机构中设置会计人员　　D. 不进行会计核算

9. 集中核算和非集中核算，在一个企业里（　　）。
A. 可同时采用　　B. 必须区别采用
C. 即可同时采用，又可分别采用　　D. 不能同时采用

10. 企业的库存现金日记账和银行存款日记账的保管期限为（　　）。
A. 15 年　　B. 3 年　　C. 25 年　　D. 永久

11. 会计职业道德是一种（　　）。
A. 强制性规范　　B. 法律规范
C. 非强制性规范　　D. 职业道德

12. 会计人员办理交接手续，必须有监交人负责监交，其中会计机构负责人办理交接手续，其监交人是（　　）。
A. 会计机构负责人　　B. 单位负责人
C. 财政部门领导　　D. 其他会计人员

三、多项选择题

1. 为保证会计预测的科学性，会计预测应遵循必要的程序（　　）。

A. 确定预测目标　　B. 收集预测资料

C. 选择预测方法　　D. 实施预测

E. 预测的评价分析

2. 会计检查是依据一定标准，对会计资料的正确性、完整性、系统性和经济业务的进行的（　　）检查。

A. 真实性　　B. 合法性　　C. 综合性

D. 合理性　　E. 连续性

3. 会计考核应坚持一定的原则（　　）。

A. 坚持考核标准　　B. 要实事求是

C. 要全面考核　　D. 要群众监督

E. 提高经济效益

4. 在内容上，会计内部管理可分为两大类（　　）。

A. 预算管理　　B. 成本管理

C. 内部会计控制　　D. 会计监督

E. 财务管理

5. 组织会计工作，一般包括（　　）。

A. 设置会计机构　　B. 配备适当的会计人员

C. 制定与执行会计规范　　D. 处理会计事项

E. 保管会计档案等工作

6. 会计工作的组织形式包括（　　）。

A. 科目汇总表核算形式　　B. 集中核算形式

C. 汇总记账凭证核算形式　　D. 非集中核算形式

E. 记账凭证核算形式

7. 设置会计机构的原则（　　）。

A. 适应性原则　　B. 效益性原则

C. 合理组织性原则　　D. 岗位责任原则

E. 以人为本原则

8. 会计从业资格管理制度的主要内容包括（　　）。

A. 会计从业资格证书的性质

B. 会计从业资格证书的管理部门

C. 取得会计从业资格的条件

D. 会计从业资格证书与会计人员继续教育相结合

E. 加强对会计从业资格的监管

9. 对会计从业资格证书实行（　　）。

A. 分级管理　　B. 注册登记　　C. 统一管理

D. 分级领导　　　E. 继续教育制度

10. 我国会计专业技术职务分别规定为（　　）。

A. 高级会计师　　B. 会计师　　　C. 注册会计师

D. 助理会计师　　E. 会计员

11. 会计人员的职业道德的内容包括（　　）。

A. 爱岗敬业　　　B. 熟悉法规　　C. 依法办事

D. 客观公正　　　E. 保守秘密

12. 会计档案的定期保管期限有（　　）。

A. 3 年　　　　B. 5 年　　　　C. 10 年

D. 15 年　　　E. 25 年

13. 会计管理电算化主要有（　　）。

A. 进行会计预测　　　　B. 编制财务计划

C. 进行会计控制　　　　D. 开展会计分析

E. 信息的加工处理

14. 会计电算化的特点（　　）。

A. 信息采集与记录　　　B. 数据处理一体化

C. 信息存放磁盘化　　　D. 信息的传输

E. 查询高速自动化

15. 会计核算软件的功能模块包括（　　）。

A. 账务处理模块　　　　B. 报表处理模块

C. 固定资产核算模块　　D. 会计管理模块

E. 工资核算模块

16. 会计核算电算化是会计电算化的第一个层次，其主要内容包括（　　）。

A. 设置会计科目　　　　B. 填制会计凭证

C. 登记会计账簿　　　　D. 进行成本计算

E. 编制会计报表等

四、判断题（正确的打√，不正确的打×）

1.《中华人民共和国会计法》明确规定，国务院直接管理全国各地区的会计工作。（　　）

2. 企业会计工作的组织形式是统一领导、分级管理。（　　）

3. 实际工作中，企业可以对某些业务采用集中核算，而对另外的业务采用非集中核算。（　　）

4. 在《企业会计准则》中，对会计机构负责人和会计主管人员的任免，都作了若干特殊的规定。（　　）

5. 会计人员对违反《会计法》和国家统一会计制度规定的事项，有权拒绝办理或按照职权予以纠正。（　　）

6. 会计档案的保管期限分为永久保管和定期保管两种，其中定期保管又分为 3 年、

5 年、10 年、15 年和 25 年。（ ）

7. 企业单位采用非集中核算，财会部门掌握的资料比较完整、详细。（ ）

8. 财政部门有权对会计师事务所出具的审计报告的程序和内容进行监督。（ ）

9. 会计职业道德是一种强制性规范。（ ）

10. 会计工作的社会监督主要是指注册会计师及其所在的会计师事务所依法对受托单位的经济活动进行审计、鉴证的一种监督制度。（ ）

11. 按照我国目前的管理体制的要求，基层企事业单位的会计工作，受财政部门和单位主管部门的双重领导。（ ）

12. 代理记账机构为委托人编制的财务会计报告，只需要经委托人签名并盖章后，就可以对外提供。（ ）

13. 根据规定，会计人员继续教育的对象为所有持有会计从业资格证书的人员。（ ）

14. 获得会计专业技术资格的会计人员，表明其已具备担任相应会计专业职务的水平能力。（ ）

15. 《会计法》规定，任何企业单位都必须设置总会计师，其任职资格、任免程序、职责权限由国务院统一规定。（ ）

16. 会计职业道德是一定社会调节人际关系的行为规划的总和，属于上层建筑的范畴。（ ）

17. 中级会计专业技术资格的取得实行考试与评审相结合的制度。（ ）

18. 报名参加会计专业技术中级资格考试的人员，都必须具备一定的会计工作年限。（ ）

19. 会计工作交接之后，监交人员应当对所移交的会计资料的真实性、完整性负责。（ ）

20. 对于不具备设置会计机构条件的单位，应由代理记账业务的机构完成其会计工作。（ ）

21. 报名参加会计专业技术中级资格考试的人员，都必须具备规定的学历和学位条件。（ ）

22. 参加会计专业技术资格考试的人员，必须具备会计从业资格，持有会计从业资格证书。（ ）

23. 会计信息处理电算化简称会计电算化。（ ）

24. 会计电算化系统由计算机硬件、软件、从业人员和规章制度组成。（ ）

25. 电子计算机和会计上的应用，改变了会计的基本原理。（ ）

26. 在会计电算化系统下，对会计档案可不必装订成册保管。（ ）

27. 网络会计可以实现资源共享。（ ）

五、简答题

1. 科学合理有效地组织会计工作具有什么意义？

2. 组织会计工作要求一般有哪些？

3. 设置会计机构的原则有哪些？

4. 取得会计从业资格的条件是什么？

5. 永久保存的会计档案有哪些？

6. 会计工作交接的要求有哪些？

7. 会计电算化的特点是什么？

第一章　总论参考答案

一、填空题

1. 预测经济前景　参与经济决策　控制经济过程　评价经营业绩

2. 会计以货币作为统一的主要计量单位　连续、系统、全面地记录经济业务　会计严格地以合法的原始凭证作为核算依据

3. 会计所核算和监督的内容，即会计的客体

4. 资金筹集　资金循环周转　资金退出

5. 会计主体　持续经营　会计分期　货币计量　权责发生制

6. 客观性原则　相关性原则　明晰性原则　可比性原则　实质重于形式原则　重要性原则　谨慎性原则　及时性原则

7. 设置账户　复式记账　填制和审核会计凭证　登记账簿　成本计算　财产清查　编制会计报表

8. 流动资产　非流动资产

9. 销售费用　管理费用　财务费用

10. 在日常活动中形成的　会导致所有者权益增加的

11. 在日常活动中发生的　会导致所有者权益减少的　经济利益

12. 经营成果　收入减去费用后的净额、直接记入当期利润的利得和损失

13. 会计计量属性进行计量　金额

二、单项选择题

1. B　2. C　3. C　4. C　5. A　6. C　7. D　8. D　9. C　10. B　11. D

三、多项选择题

1. ABC　2. AD　3. ABC　4. AD　5. ABCD　6. AB　7. ACD　8. BCD　9. BCD　10. BCD　11. ABCD

四、判断题

1. ×　2. √　3. ×　4. √　5. ×　6. ×　7. √　8. ×　9. ×　10. ×　11. ×　12. ×　13. √　14. √　15. ×

五、简答题（略）

第二章　会计规范参考答案

一、填空题

1. 经济法规　特定经济关系　会计工作关系
2. 会计法律法规规范
3. 强制性　责任性　权威性　普遍性　层次性　历史性
4. 会计法律法规规范　会计职业道德规范
5. 由国家立法机关制定颁布的会计法律　其他经济法律中有关会计的法律
6. 会计对象　会计工作　会计工作质量
7. 基本准则　指导性准则　具体准则　应用性准则
8. 一般业务准则　特殊行业的特定业务准则　报告准则
9. 基本准则　具体准则　企业会计准则应用指南
10. 会计法　国家其他有关法律法规　规则　方法　程序
11. 企业会计制度　非企业会计制度
12. 会计职业道德的基本规范　会计职业道德评价和惩戒规范
13. 会计从业资格证书年检　会计专业技术资格考评

二、单项选择题

1. A　2. C　3. B　4. D　5. B　6. C　7. C　8. D　9. C　10. D

三、多项选择题

1. ABD　2. ABCD　3. BC　4. AC　5. BCD　6. ACD　7. ABCD　8. ABC　9. ABCDE　10. AB　11. ABCD

四、判断题

1. √　2. ×　3. ×　4. √　5. ×　6. ×　7. ×　8. ×　9. ×　10. ×　11. ×　12. ×　13. ×　14. ×　15. √

五、简答题（略）

第三章　会计科目与账户参考答案

一、填空题

1. 会计要素　资产　负债　所有者权益　共同　成本　损益

2. 总分类　明细分类

3. 期初余额　本期增加额　本期减少额　期末余额　期末余额 = 期初余额 + 本期增加额 - 本期减少额

4. 增加额　减少额

5. 会计科目　会计科目

6. 经济内容　资产　负债　所有者权益　共同　成本　损益

7. 总分类　明细分类

8. 同时登记　同方向登记　同金额登记

9. 总分类科目　总括　明细分类科目　明细

10. 盘存　所有者投资　财务成果

11. 备抵账户　附加账户　备抵附加账户

12. 四位数制

二、单项选择题

1. D　2. C　3. D　4. C　5. A　6. D　7. D　8. C　9. D　10. B　11. D　12. C　13. D　14. D　15. B　16. C　17. D

三、多项选择题

1. ABC　2. ABD　3. ABCD　4. AC　5. ABCD　6. ABCD　7. AC　8. BC　9. CD　10. BD　11. AB　12. AC

四、判断题

1. √　2. ×　3. √　4. ×　5. ×　6. ×　7. ×　8. √　9. ×　10. ×

五、简答题

1. 账户和会计科目的联系是：账户和会计科目都是按照相同的经济内容来设置的，账户是根据会计科目开设的，会计科目就是账户的名称，会计科目规定的核算内容就是账户记录和反映的经济内容。

账户和会计科目的区别是：会计科目不存在结构问题；账户不仅要有反映的内容，还必须具备一定的结构。会计科目由国家统一加以制定，并在会计准则中以会计科目表的形式予以列示，它的设置只是名称的限定，不构成会计核算的方法，而账户的设置则构成了会计核算的专门方法之一。

2. 会计科目主要按经济内容分为资产类、负债类、共同类、所有者权益类、成本类和损益类六大类

3. 账户经济内容分类，一般可分为资产类账户、负债类账户、共同类账户、所有者权益类账户、成本类账户和损益类账户六类。

账户按提供核算指标详细程度分类，分为总分类账户和明细分类账户。

账户按其用途和结构的不同，可分为盘存账户、结算账户、所有者投资账户、集合分配账户、跨期摊配账户、成本计算账户、收入账户、费用账户、财务成果账户和调整账户共10类账户。

4. 平行登记有时亦称平行处理。是对每一项经济业务，一方面要在总分类账户中总括登记，另一方面还要在该总分类账户所属明细分类账户中明细登记。总分类账户与明细分类账户平行登记的方法要点如下：

（1）同时登记。

（2）同方向登记。

（3）同金额登记。

第四章　复式记账和成本计算参考答案

一、填空题

1. 单式　复式
2. 相反的方向　两个或两个以上
3. 借　贷
4. 相反　减少
5. 有借必有贷，借贷必相等
6. 发生额试算平衡　余额试算平衡
7. 所有者权益　贷　贷

二、单项选择题

1. C　2. B　3. A　4. A　5. B　6. D　7. C　8. D　9. C　10. B　11. A　12. A　13. C　14. B　15. C

三、多项选择题

1. ABC　2. ABCD　3. AC　4. AB　5. BC　6. AD　7. ABCD　8. ABC　9. BCD　10. BD　11. BCD　12. ABC　13. BD　14. BCD　15. AB

四、判断题

1. √　2. √　3. ×　4. √　5. √　6. √　7. ×　8. √　9. ×　10. ×　11. ×

五、简答题

1. 复式记账法是指对企业发生的每一项交易或事项都要用相等的金额在两个或两个以上相互联系的账户中进行记录的记账方法。复式记账法的理论依据是“资产 = 负债 + 所有者权益”这一会计等式所反映的资金平衡关系。

2. 借贷记账法的试算平衡方法包括发生额试算平衡和余额试算平衡两种。

（1）发生额试算平衡

本期全部账户借方发生额合计 = 本期全部账户贷方发生额合计

（2）余额试算平衡

本期期末（期初）全部账户的借方余额合计 = 本期期末（期初）全部账户的贷方余额合计

3. 借贷记账法是以“借”、“贷”二字作为记账符号，记录交易或事项引起会计要素增减变动情况的一种复式记账法。在借贷记账法中，账户的基本结构分为“借方”和“贷方”两栏。其中：左方为借方，右方为贷方，分别用来记录增加额、减少额。

采用借贷记账法，账户的借贷双方必须做相反方向的记录。对于一个账户来说，如果规定借方登记增加额，则贷方就登记减少额；如果规定借方登记减少额，则贷方就登记增加额。对于一个账户而言，哪一方登记增加，哪一方登记减少，取决于账户的性质。

六、业务处理题

习题一

1. 借：银行存款　5 000 000
　贷：实收资本　5 000 000
2. 借：固定资产　50 000
　　银行存款　150 000
　贷：实收资本　200 000
3. 借：银行存款　200 000
　贷：短期借款　200 000
4. 借：银行存款　2 000 000
　贷：长期借款　2 000 000

总分类账户发生额及余额试算平衡表　　单位：元

会计科目	期初余额		本期发生额		期末余额	
	借方	贷方	借方	贷方	借方	贷方
银行存款	1 120 000		7 350 000		8 470 000	
固定资产	1 130 000		50 000		1 180 000	
短期借款		150 000		200 000		350 000
长期借款		100 000		2 000 000		2 100 000
实收资本		2 000 000		5 200 000		7 200 000
合计	2 250 000	2 250 000	7 400 000	7 400 000	9 650 000	9 650 000

习题二

1. 借：预付账款　600 000
　贷：银行存款　600 000
2. 借：原材料——丁　3 005 000
　　应交税费——应交增值税（进项税额）　510 000
　贷：库存现金　5 000
　　银行存款　2 500 000

应付账款 1 010 000

3. 借：原材料——丙 510 000

应交税费——应交增值税（进项税额） 85 000

银行存款 5 000

贷：预付账款 600 000

4. 借：材料采购——甲 2 000 000

——乙 5 000 000

应交税费——应交增值税（进项税额） 1 190 000

贷：银行存款 8 190 000

5. 分配采购费用：

采购费用分配率 = 30 000 ÷ （20 000 + 10 000） = 1

甲材料应承担的采购费用 = 20 000 × 1 = 20 000（元）

乙材料应承担的采购费用 = 10 000 × 1 = 10 000（元）

借：材料采购——甲 20 000

——乙 10 000

贷：银行存款 30 000

6. 借：原材料——甲 2 020 000

——乙 5 010 000

贷：材料采购——甲 2 020 000

——乙 5 010 000

习题三

制造费用 = 20 000 + 50 000 + 580 000 + 80 000 + 3 000 = 733 000（元）

生产甲产品工人工资和福利费为 120 000，生产乙产品工人工资和福利费为 90 000 元，分配比例计算：

制造费用分配率 = 733 000 ÷ （120 000 + 90 000） = 3.49

分配给甲产品的制造费用为：120 000 × 3.49 = 418 800（元）

分配给乙产品的制造费用为：733 000 − 418 800 = 314 200（元）

借：生产成本——甲 418 800

——乙 314 200

贷：生产成本 733 000

1. 借：生产成本——甲 36 000

——乙 50 000

制造费用 20 000

贷：原材料 106 000

2. 借：生产成本——甲 120 000

——乙 90 000

制造费用 50 000

管理费用	110 000	
销售费用	100 000	
贷：应付职工薪酬		470 000
3. 借：销售费用	200 000	
贷：银行存款		200 000
4. 借：制造费用	580 000	
管理费用	30 000	
贷：累计折旧		610 000
5. 借：制造费用	80 000	
贷：银行存款		80 000
6. 借：制造费用	3 000	
管理费用	5 000	
贷：库存现金		8 000

习题四

1. 借：应收账款	2 340 000	
贷：主营业务收入——A		2 000 000
应交税费——应交增值税（销项税额）		340 000
2. 借：银行存款	500 000	
贷：预收账款		500 000
3. 借：预收账款	500 000	
银行存款	670 000	
贷：主营业务收入——B		1 000 000
应交税费——应交增值税（销项税额）		170 000
4. 借：银行存款	702 000	
贷：主营业务收入——B		600 000
应交税费——应交增值税（销项税额）		102 000
5. 借：银行存款	2 340 000	
贷：应收账款		2 340 000
6. 借：主营业务成本——A	1 500 000	
——B	1 300 000	
贷：库存商品——A		1 500 000
——B		1 300 000
7. 借：银行存款	210 600	
贷：其他业务收入		180 000
应交税费——应交增值税（销项税额）		30 600
借：其他业务成本	160 000	
贷：原材料		160 000

8. 借：营业税金及附加　38 200
　　贷：应交税费——应交城建税　30 000
　　　　　　　——应交教育费附加　8 200
9. 借：销售费用　500 000
　　贷：银行存款　500 000
10. 借：销售费用　30 000
　　贷：应付职工薪酬　30 000

习题五

1. 借：应收账款　2 340 000
　　贷：主营业务收入——A　2 000 000
　　　　应交税费——应交增值税（销项税额）　340 000
　借：主营业务成本——A　1 600 000
　　贷：库存商品——A　1 600 000
2. 借：银行存款　936 000
　　贷：主营业务收入——A　800 000
　　　　应交税费——应交增值税（销项税额）　136 000
　借：主营业务成本——A　600 000
　　贷：库存商品——A　600 000
3. 借：管理费用　120 000
　　　销售费用　80 000
　　贷：银行存款　200 000
4. 借：银行存款　10 000
　　贷：营业外收入　10 000
5. 借：营业外支出　8 000
　　贷：银行存款　8 000
6. 借：财务费用　6 500
　　贷：银行存款　6 500
7. 借：营业税金及附加　35 000
　　贷：应交税费——应交城建税　28 000
　　　　　　　——应交教育费附加　7 000
8. 借：本年利润　2 449 500
　　贷：管理费用　120 000
　　　　销售费用　80 000
　　　　财务费用　6 500
　　　　主营业务成本　2 200 000
　　　　营业税金及附加　35 000
　　　　营业外支出　8 000

借：主营业务收入　　2 800 000
　营业外收入　　10 000
　贷：本年利润　　2 810 000

营业利润 = 2 800 000 − 2 200 000 − 120 000 − 80 000 − 6 500 − 35 000 = 358 500（元）

利润总额 = 358 500 + 10 000 − 8 000 = 360 500（元）

9. 应交所得税 = 360 500 × 0.25 = 90 125（元）

借：所得税费用　　90 125
　贷：应交税费——应交所得税　　90 125

借：本年利润　　90 125
　贷：所得税费用　　90 125

借：本年利润　　270 375
　贷：利润分配——未分配利润　　270 375

10. 借：利润分配——提取盈余公积　　27 037.5
　贷：盈余公积　　27 037.5

11. 应分配股利 = 270 375 × 0.2 = 54 075（元）

借：利润分配——应付股利　　54 075
　贷：应付股利　　54 075

12. 借：利润分配——未分配利润　　81 112.5
　贷：利润分配——应付股利　　54 075
　　——提取盈余公积　　27 037.5

习题六

1. 借：银行存款　　3 000 0000
　固定资产——大型设备　　5 000 0000
　贷：实收资本——国家资本　　8 000 000

2. 借：银行存款　　600 000
　贷：短期借款——流动资金　　600 000

3. 借：银行存款　　240 000
　贷：长期借款——工程借款　　240 000

4. 借：材料采购——A 材料　　200 000
　——B 材料　　60 000
　应交税费——应交增值税（进项税额）　　44 200
　贷：银行存款　　269 100
　应付票据——商业承兑汇票　　35 100

5. A、B 材料采购费用分配率 = 1 500 ÷（20 000 + 10 000）= 0.05（元/千克）

A 材料应负担的采购费用 = 20 000 × 0.05 = 1 000（元）

B 材料应负担的采购费用 = 10 000 × 0.05 = 500（元）

借：材料采购——A 材料　　1 000
　　　　　　——B 材料　　500
　贷：银行存款　　1 500

6. 借：原材料——A 材料　　201 000
　　　　　——B 材料　　60 500
　贷：材料采购——A 材料　　201 000
　　　　　　　——B 材料　　60 500

“材料采购”明细账

材料名称或类别：A 材料　　单位：元

20××年		凭证号数	摘要	借方金额			贷方金额	余额
月	日			买价	采购费用	合计		
×	×	4	购进 20 000 千克	200 000		200 000		200 000
×	×	5	支付运费		1 000	1 000		201 000
×	×	6	入库				201 000	
			发生额和余额	200 000	1 000	201 000	201 000	0

“材料采购”明细账

材料名称或类别：B 材料　　单位：元

20××年		凭证号数	摘要	借方金额			贷方金额	余额
月	日			买价	采购费用	合计		
×	×	4	购进 1 000 千克	60 000		60 000		60 000
×	×	5	支付运费		500	500		60 500
×	×	6	入库				60 500	
			发生额和余额	60 000	500	60 500	60 500	0

7. 借：生产成本——甲产品　　87 000
　　　生产成本——乙产品　　55 000
　　　制造费用——机物料消耗　　5 500
　　　管理费用——公司经费　　11 000
　贷：原材料——A 材料　　137 500
　　　　　　——B 材料　　21 000

8. 借：生产成本——甲产品　　600 000
　　　生产成本——乙产品　　400 000
　　　制造费用——职工薪酬　　300 000
　　　管理费用——公司经费　　200 000
　贷：应付职工薪酬——工资　　1 500 000

9. 借：库存现金　　1 500 000
　贷：银行存款　　1 500 000
　借：应付职工薪酬——工资　　1 500 000
　贷：库存现金　　1 500 000

10. 借：制造费用——折旧费　　30 000
　　管理费用——折旧费　　15 000
　贷：累计折旧——机器设备　　30 000
　　　　——房屋建筑物　　15 000

11. 借：制造费用——办公费　　600
　　管理费用——公司经费　　5 000
　贷：银行存款　　5 600

12. 借：制造费用——办公费　　20
　　管理费用——公司经费　　300
　贷：银行存款　　320

13. 借：制造费用——大修理费　　10 080
　贷：银行存款　　10 080

14.

借	制造费用		贷
(7)	5 500	(14)	346 200
(8)	300 000		
(10)	30 000		
(11)	600		
(12)	20		
(13)	10 080		
	346 200		346 200

制造费用分配率＝346 200÷1 000 000＝0.3462

甲产品应分配的制造费用＝600 000×0.3462－207 720（元）

乙产品应分配的制造费用＝400 000×0.3462＝138 480（元）

借：生产成本——甲产品　　207 720
　　生产成本——乙产品　　138 480
　贷：制造费用工　　346 200

15. 借：库存商品——甲产品　　894 720
　　贷：生产成本——甲产品　　894 720

"生产成本"明细分类账

产品品种或类别：甲产品　本月完工：1 000 件　　在产品：0 件　　单位：元

×年		凭证号数	摘要	借方金额（成本项目）				贷方金额	借或贷	余额
月	日			直接材料	直接人工	制造费用	合计			
		7	生产耗用材料	87 000			87 000		借	87 000
		8	分配工资		600 000		600 000		借	687 000
		14	分配制造费用			207 720	207 720		借	894 720
		15	结转完工产品成本					894 720	平	0
			本月发生额及余额	87 000	600 000	207 720	894 720	894 720	平	0

"生产成本"明细分类账

产品品种或类别：乙产品　本月完工：0 件　　在产品：400 件　　单位：元

×年		凭证号数	摘要	借方金额（成本项目）				贷方金额	借或贷	余额
月	日			直接材料	直接人工	制造费用	合计			
		7	生产耗用材料	55 000			55 000		借	55 000
		8	分配工资		400 000		400 000		借	455 000
		14	分配制造费用			138 480	138 480		借	593 480
			本月发生额及余额	55 000	400 000	138 480	593 480		借	593 480

16. 借：银行存款　　60 000
　　贷：预收账款——阳江机电公司　　60 000
17. 借：银行存款　　468 000
　　贷：主营业务收入——甲商品　　400 000
　　　　应交税费——应交增值税（销项税）　　68 000
18. 借：应收账款——华广公司　　234 000
　　贷：主营业务收入——甲商品　　200 000
　　　　应交税费——应交增值税（销项税）　　34 000
19. 借：预收账款——阳江机电公司　　60 000
　　　　银行存款　　33 600
　　贷：主营业务收入——甲商品　　80 000
　　　　应交税费——应交增值税（销项税）　　13 600
20. 借：应收账款——海南实业公司　　374 400
　　贷：主营业务收入——甲商品　　320 000
　　　　应交税费——应交增值税（销项税）　　54 400

21. 借：销售费用　　26 000
　贷：银行存款　　26 000
22. ①借：银行存款　　11 700
　　贷：其他业务收入——销售材料　　10 000
　　　　应交税费——应交增值税（销项税）　　1 700
　②借：其他业务成本——销售材料成本　　6 000
　　贷：原材料——A 材料　　6 000
23. 借：营业税金及附加　　12 000
　贷：应交税费——应交消费税　　10 000
　　　应交税费——应交城市维护建设税　　2 000
24. 借：主营业务成本——甲产品成本　　750 000
　贷：库存商品——甲产品　　750 000
25. 借：银行存款　　5 000
　贷：营业外收入——罚没收入　　5 000
26. 借：营业外支出——捐赠支出　　10 000
　贷：银行存款　　10 000
27. 借：财务费用——利息支出　　3 500
　　管理费用　　28 000
　贷：银行存款　　31 500
28. 借：银行存款　　500 000
　贷：投资收益——持有至到期投资　　500 000
29. 结转收入时：
借：主营业务收入　　1 000 000
　其他业务收入　　10 000
　投资收益　　500 000
　营业外收入　　5 000
　贷：本年利润　　1 515 000
结转各项支出时：
借：本年利润　　1 066 800
　贷：主营业务成本　　750 000
　　营业税金及附加　　12 000
　　销售费用　　26 000
　　管理费用　　259 300
　　财务费用　　3 500
　　其他业务成本　　6 000
　　营业外支出　　10 000

营业利润 = 营业收入 − 营业成本 − 营业税金及附加 − 销售费用 − 管理费用 − 财务费用 + 投资收益 = 1 010 000 − 756 000 − 12 000 − 26 000 − 259 300 − 3 500 + 500 000 =

453 200（元）

营业收入＝主营业务收入＋其他业务收入＝1 000 000＋10 000＝101 000（元）

营业成本＝主营业务成本＋其他业务成本＝750 000＋6 000＝756 000（元）

投资净收益＝投资收益－投资损失＝500 000（元）

利润总额＝营业利润＋营业外收入－营业外支出

＝453 200＋5 000－10 000＝448 200（元）

30. 应交所得税额＝利润总额×所得税率（25%）

＝448 200×25%＝112 050（元）

借：所得税费用　112 050

　贷：应交税费——应交所得税　112 050

借：本年利润　112 050

　贷：所得税费用　112 050

31. 净利润＝448 200－112 050＝336 150（元）

借：本年利润　336 150

　贷：利润分配——未分配利润　336 150

32. 公积金＝336 150×10%＝33 615（元）

借：利润分配——提取法定盈余公积　33 615

　贷：盈余公积——法定盈余公积　33 615

33. 借：利润分配——应付股利　150 000

　贷：应付股利　150 000

34. 借：利润分配——未分配利润　183 615

　贷：利润分配——应付股利　33 615

　　——提取盈余公积　150 000

借　材料采购　贷

(4)	200 000	(6)	201 000
(4)	60 000	(6)	60 500
(5)	1 500		
	261 500		261 500

借　应交税费　贷

(4)	44 200	(17)	68 000
		(18)	34 000
		(19)	13 600
		(20)	54 400
		(22)	1 700
		(23)	12 000
		(30)	112 050
	44 200		295 750
			251 550

银行存款

借		贷	
(1)	3 000 000	(4)	269 100
(2)	600 000	(5)	1 500
(3)	240 000	(9)	1 500 000
(16)	60 000	(11)	5 600
(17)	468 000	(12)	320
(21)	26 000	(13)	10 080
(19)	33 600	(26)	10 000
(22)	11 700	(27)	31 500
(25)	5 000		
(28)	500 000		
	4 918 300		1 854 100
	3 064 200		

库存现金

借		贷	
(9)	1 500 000	(9)	1 500 000
	1 500 000		1 500 000
	0		

预收账款

借		贷	
(19)	60 000	(16)	60 000
			60 000
			0

原材料

借		贷	
(6)	201 000	(7)	137 500
(6)	60 500	(7)	21 000
		(23)	6 000
	261 500		164 500
	97 000		

应付票据

借		贷	
		(4)	35 100
			35 100
			35 100

长期借款

借		贷	
		(3)	240 000
			240 000
			240 000

固定资产

借		贷	
(1)	5 000 000		
	5 000 000		
	5 000 000		

生产成本

借		贷	
(7)	142 000	(15)	894 720
(8)	1 000 000		
(14)	346 200		
	1 488 200		894 720
	593 480		

制造费用

借		贷	
(7)	5 500	(14)	346 200
(8)	300 000		
(10)	30 000		
(11)	600		
(12)	10 080		
	346 200		346 200
	0		

实收资本

借		贷	
		(1)	8 000 000
			8 000 000
			8 000 000

主营业务成本

借		贷	
(24)	750 000	(29)	750 000
	750 000		750 000
	0		

借　　主营业务收入　　贷

(29)	1 000 000	(17)	400 000
		(18)	200 000
		(19)	90 000
		(20)	320 000
	1 000 000		1 000 000
			0

借　　其他业务收入　　贷

(29)	10 000	(22)	10 000
	10 000		10 000
			0

借　　应收账款　　贷

(18)	234 000		
(20)	374 400		
	608 400		
	608 400		

借　　管理费用　　贷

(7)	11 000	(29)	259 300
(8)	200 000		
(10)	15 000		
(11)	5 000		
(12)	300		
(27)	28 000		
259 300		259 300	
0			

借　　应付职工薪酬　　贷

(9)	1 500 000	(8)	1 500 000
	1 500 000		1 500 000
		0	

借　　财务费用　　贷

(27)	3 500	(29)	3 500
	3 500		3 500
	0		

借　　营业税金及附加　　贷

(23)	12 000	(29)	12 000
	12 000		12 000
	0		

借　　销售费用　　贷

(21)	26 000	(29)	26 000
	26 000		26 000
			0

借　　其他业务成本　　贷

(22)	6 000	(29)	6 000
	6 000		6 000
	0		

借　　库存商品　　贷

(15)	894 720	(24)	750 000
	894 720	750 000	
	144 720		

借　　累计折旧　　贷

		(10)	45 000
			45 000
			45 000

借　　营业外收入　　贷

(29)	5 000	(25)	5 000
	5 000		5 000
			0

借	营业外支出		贷
(26)	10 000	(29)	10 000
	10 000		10 000
	0		

借	短期借款		贷
		(2)	600 000
			600 000
			600 000

借	投资收益		贷
(29)	500 000	(28)	500 000
	500 000		500 000
		0	

借	本年利润		贷
(29)	1 066 800	(29)	1 515 000
(30)	112 050		
(31)	336 150		
	1 515 000		1 515 000
			0

借	所得税费用		贷
(30)	112 050	(30)	112 050
	112 050		112 050
	0		

借	利润分配		贷
(32)	33 615	(31)	336 150
(33)	150 000	(34)	183 615
(34)	183 615		
	367 230		519 765
			152 535

借	应付股利		贷
		(34)	150 000
			150 000
			150 000

借	盈余公积		贷
		(32)	33 615
			33 615
			33 615

第五章　会计凭证参考答案

一、填空题

1. 原始凭证　记账凭证
2. 外来原始凭证　自制原始凭证
3. 一次凭证、累计凭证和汇总凭证
4. 通用凭证和专用凭证
5. 原始凭证名称及编号　填制原始凭证的日期　接受原始凭证的单位名称　经济业务内容　经济业务的单价和数量及金额　填制单位签章
6. 记账凭证
7. 专用记账凭证　通用记账凭证
8. 收款凭证　付款凭证　转账凭证
9. 复式记账凭证　单式记账凭证
10. 付款
11. 货币资金收入事项　货币资金支出事项和转账业务
12. 通用记账凭证
13. 会计凭证的传递
14. 及时　准确　完整
15. 收讫 付讫

二、单项选择题

1. B　2. B　3. C　4. B　5. A　6. C　7. B　8. C　9. C　10. A　11. B　12. D　13. D　14. B　15. B　16. A　17. C　18. A　19. B　20. A

三、多项选择题

1. ACD　2. BCD　3. AB　4. AC　5. AB　6. ABD　7. ABD　8. ABCD　9. ABCD　10. ABCD

四、判断题

1. ×　2. √　3. √　4. ×　5. ×　6. ×　7. ×　8. ×　9. ×　10. √

五、简答题

1. （1）原始凭证的合规性（2）原始凭证的真实性（3）原始凭证的完整性

（4）原始凭证的准确性（5）原始凭证的合理性（6）原始凭证的及时性

2.（1）原始凭证按其来源的不同，可以分为外来原始凭证和自制原始凭证

（2）原始凭证按照填制手续及内容不同，可以分为一次凭证、累计凭证和汇总凭证

（3）原始凭证按照格式不同，可以分为通用凭证和专用凭证

3. 书写要清楚、规范。原始凭证要按规定填写，文字要简明，字迹要清楚，易于辨认，不得使用未经国务院公布的简化汉字。大小写金额必须相一致且填写规范，小写金额用阿拉伯数字逐个书写，不得写连笔字，在金额前要填写人民币符号“¥”，人民币符号“¥”与阿拉伯数字之间不得留有空白，金额数字一律填写到角分，无角分的，写“00”或符号“-”，有角分的，分位写“0”，不得用符号“—”；大写金额用汉字壹、贰、叁、肆、伍、陆、柒、捌、玖、拾、佰、仟、万、亿、元、角、分、零、整等，一律用正楷或行书书写，大写金额前未印有“人民币”字样的，应加写“人民币”三个字，“人民币”字样和大写金额之间不得留有空白，大写金额到元或角为止的，后面要写“整”或“正”字，有分的，不写“整”或“正”字。如小写金额为¥2 005.00，大写金额应写成“贰仟零伍元整”。

4. 记账凭证是会计人员根据审核无误的原始凭证按照经济业务事项的内容加以归类、整理，并据以按照会计准则和记账规则确定会计分录后所填制的会计凭证。它是直接登记账簿的依据。

5.（1）记账凭证的名称；

（2）填制记账凭证的日期；

（3）记账凭证的编号；

（4）经济业务事项的内容摘要；

（5）经济业务事项所涉及的会计科目及其记账方向；

（6）经济业务事项的金额；

（7）记账标记；

（8）所附原始凭证张数；

（9）会计主管、记账、审核、出纳、制单等有关人员的签章。

6.（1）记账凭证的基本要素是否完整，有无缺少或空白，主要是看填制日期、编号、业务内容摘要、附原始凭证张数、会计科目及其借贷方向、填制、出纳、复核及会计主管人员的签章等是否清晰、准确。

（2）审查科目的运用是否针对经济业务的性质和内容，是否符合有关会计准则和会计制度的规定，借贷方向是否正确。

（3）审查各级负责人和有关经办人的签章是否齐备，其会计责任是否明确，有无手续不清、责任不明的现象。

（4）复核记账凭证的单价、数量和明细金额、合计金额是否正确，有无多计、少计和误计。

（5）核对记账凭证与对应的账簿记录是否一致，有无出入或账证不符的情况。

（6）与所附的原始凭证核对，核对其数量、金额、摘要等是否一致，有无证证不

符的现象。

(7) 审查科目对应关系及借、贷金额是否正确，两类科目的金额是否平衡。

7. 记账凭证的编号

会计人员应及时对记账凭证予以编号。记账凭证无论是全部作为一类编号，还是按收、付、转编号，均应按月从“1”开始顺序编号，不得跳号、重号。业务量大的单位，可使用“记账凭证编号销号单”，在装订凭证时应将销号单放在记账凭证汇总表之后，使记账凭证的编号、张数一目了然，以便查考。一组会计分录使用两张以上记账凭证，应按顺序用“带分数”编列分号，两张凭证之间不要填写“过次页”、“承前页”。例如，第8号会计事项有三张记账凭证，编号分别为8 1/3 号、8 2/3 号、8 3/3 号。

8. (1) 记账凭证按其用途的不同，可分为专用记账凭证和通用记账凭证

(2) 记账凭证按其填制方式的不同，可以分为复式记账凭证和单式记账凭证

(3) 记账凭证按货币资金的收付业务设计的不同，可以分为收款凭证、付款凭证和转账凭证

9. 各种记账凭证必须按规定及时、准确、完整地填制。基本要素填写要求如下：

(1) 日期的填写

现金收付记账凭证的日期以办理收付现金的日期填写；银行付款业务的记账凭证，一般以财会部门开出付款单据的日期或承付的日期填写；银行收款业务的记账凭证，一般按银行进账单或银行受理回执的戳记日期填写；月末结转的业务，按当月最后一天的日期填制。

(2) 摘要的填写

填写的摘要，一要真实准确，其内容与经济业务的内容和所附原始凭证的内容相符；二要简明扼要，书写整齐清洁。

(3) 会计科目的填写

会计科目的填写应填写会计科目的全称或会计科目的名称和编号，不得简写或只填会计科目的编号而不填名称。需填明细科目的，应在“明细科目”栏填写明细科目的名称。

(4) 金额的填写

记账凭证的金额必须与原始凭证的金额相符。在记账凭证的“合计”行填列合计金额；阿拉伯数字的填写要规范；在合计数字前应填写货币符号，不是合计数字前不应填写货币符号。一笔经济业务因涉及会计科目较多，需填写多张记账凭证的，只在最末一张记账凭证的“合计”行填写合计金额。

(5) 记账凭证附件张数的计算

记账凭证一般附有原始凭证。附件张数的计算方法有两种：一种是按构成记账凭证金额的原始凭证（或原始凭证汇总表）计算张数，如转账业务的原始凭证张数计算。二是以所附原始凭证的自然张数为准，即凡与经济业务内容相关的每一张凭证，都作为记账凭证的附件。凡属收付款业务的，原始凭证张数计算均以自然张数为准。但对差旅费、市内交通费、医疗费等报销单据，可贴在一张纸上，作为一张原始凭证（报销清单）附件。

（6）会计分录的填制

不同类型的经济业务不得填制在一张记账凭证中，也不得对同类经济业务采取大汇总的办法填制记账凭证。转账凭证和通用记账凭证应按先“借”后“贷”的顺序填列。不得填制“有借无贷”或“有贷无借”的会计分录。

（7）记账凭证的编号

会计人员应及时对记账凭证予以编号。记账凭证无论是全部作为一类编号，还是按收、付、转编号，均应按月从“1”开始顺序编号，不得跳号、重号。业务量大的单位，可使用“记账凭证编号销号单”，在装订凭证时应将销号单放在记账凭证汇总表之后，使记账凭证的编号、张数一目了然，以便查考。一组会计分录使用两张以上记账凭证，应按顺序用“带分数”编列分号，两张凭证之间不要填写“过次页”、“承前页”。例如，第 8 号会计事项有三张记账凭证，编号分别为 8 1/3 号、8 2/3 号、8 3/3 号。

（8）签名或盖章

记账凭证上规定有关人员的签名或盖章，应全部签章齐全，以明确责任。财会人员较少的单位，在收、付记账凭证上，至少应有两人（会计和出纳）签章。一张记账凭证涉及几个会计记账的，凡记账的会计均应在“记账”签章处签章。会计主管对未审阅过的记账凭证，可以不签章，但仍应对其合法性、准确性负责，收、付款记账凭证还应由出纳人员签章。记账凭证不准跳行或留有余行。填制完毕的记账凭证如有空行的，应在金额栏划一斜线或“S”线注销。划线应从金额栏最后一笔金额数字下面的空行划到合计数行的上面一行，并注意斜线或“S”线两端都不能划到有金额数字的行次上。

填制记账凭证可用蓝黑墨水或碳素墨水；特殊情况下才可以用红字填制。

10. 会计凭证的日常保管主要要求包括：

1. 会计凭证应定期装订成册，防止散失

从外单位取得的原始凭证遗失时，应取得原签发单位盖有公章的证明，并注明原始凭证的号码、金额、内容等，由经办单位会计机构负责人、会计主管人员和单位负责人批准后，才能代作原始凭证。若确实无法取得证明的，如车票丢失，则应由当事人写明详细情况，由经办单位会计机构负责人、会计主管人员和单位负责人批准后，代作原始凭证。

2. 会计凭证封面应注明单位名称、凭证种类、凭证张数、起止号数、年度、月份、会计主管人员、装订人员等有关事项，会计主管人员和保管人员应在封面上签章。

3. 会计凭证应加贴封条，防止抽换凭证

原始凭证不得外借，其他单位如有特殊原因确实需要使用时，经本单位会计机构负责人、会计主管人员批准，可以复制。向外单位提供的原始凭证复制件，应在专设的登记簿上登记，并由提供人员和收取人员共同签名、盖章。

4. 原始凭证较多时可单独装订，但应在凭证封面注明所属记账凭证的日期、编号和种类，同时在所属的记账凭证上应注明“附件另订”及原始凭证的名称和编号，以便查阅。

5. 严格遵守会计凭证的保管期限要求，期满前不得任意销毁。

第六章　会计账簿参考答案

一、填空题

1. 序时　分类　备查
2. 订本式　活页式　卡片式
3. 库存现金　银行存款
4. 账账核对　账实核对
5. 划线更正法（红线更正法）　红字更正法　补充登记法（补充更正法）
6. 成本　收入　利润
7. 金额　数量
8. 普通日记账　特种日记账
9. 封面　扉页　账页
10. 登记账户的日期栏　凭证种类和号数栏　摘要栏　金额栏　总页次和分户页次
11. 编制会计报表
12. 账簿

二、单项选择题

1. A　2. B　3. D　4. D　5. A　6. A　7. A　8. B　9. D　10. C　11. C　12. A　13. D　14. C　15. C　16. C　17. A　18. B　19. C　20. D　21. A　22. B　23. D　24. B　25. C

三、多项选择题

1. ABD　2. ADE　3. ABC　4. BC　5. AB　6. AC　7. AB　8. ABCD　9. ABCD　10. ABCD　11. BCD　12. AC　13. AC　14. ACD　15. ABCD　16. ABCD　17. BC　18. ABCD　19. ABCD　20. CD

四、判断题

1. √　2. ×　3. ×　4. √　5. ×　6. √　7. ×　8. √　9. ×　10. √　11. √　12. ×　13. ×　14. √　15. ×　16. ×　17. √　18. ×　19. √　20. √　21. ×　22. ×　23. √　24. √　25. ×　26. √　27. √　28. √　29. ×　30. √

五、简答题

1. 会计账簿按其用途可以分为：序时账簿、分类账簿、备查账簿。

2. 账簿按外形特征可分为：订本式账簿、活页式账簿、卡片式账簿。

3. 明细分类账是根据二级账户或明细账户开设的，通常有三种格式，三栏式、多栏式、数量金额式三种。

三栏式明细账主要适用于只反映金额的经济业务，只提供价值指标。如应收账款、应付账款、其他应收款、应交税费、预付账款、应付利息等。

数量金额式明细账是在收入、支出、结存三栏内加设数量、单价等栏目，分别登记实物的数量和金额。所以适用于既需要反映金额，又需要反映数量的经济业务。如原材料、库存商品、自制半成品等科目的明细核算。

多栏式明细账是根据经济业务的特点和经营管理的要求，在某一总分类账项下，对属于同一级科目或二级科目设置若干栏目，用以在同一张账页上集中反映各有关明细项目的详细资料。分为借方多栏式、贷方多栏式、借贷方多栏式。只提供价值指标。主要适用于费用、成本、收入和利润等科目的明细核算

4. 会计账簿登记规则

（1）登记账簿的依据。为了保证账簿记录的真实、正确，必须根据审核无误的会计凭证登账。各单位每天发生的各种经济业务都要记账，记账的依据是会计凭证。

（2）登记账簿的时间。各种账簿应当每隔多长时间登记一次，没有统一规定。但是，一般的原则是：总分类账要按照单位所采用的会计核算形式及时登账；各种明细分类账，要根据原始凭证、原始凭证汇总表和记账凭证每天进行登记，也可以定期（三天或五天）登记。现金日记账和银行存款日记账应当根据办理完毕的收付款凭证，随时逐笔顺序进行登记，最少每天登记一次。

（3）登记账簿的规范要求具体包括如下六点：

第一，登记账簿时，应当将会计凭证日期、编号、业务内容摘要，金额和其他有关资料逐项记入账内，同时记账人员要在记账凭证上签名或者盖章，并注明已经登账的符号（如打“√”），防止漏记、重记和错记情况的发生。

第二，各种账簿要按账页顺序连续登记，不得跳行、隔页。如发生跳行、隔页，应将空行、空页划线注销，或注明“此行空白”或“此页空白”字样，并由记账人员签名或盖章。

第三，登记账簿时，要用蓝黑墨水或者碳素墨水书写。不得用圆珠笔（银行的复写账簿除外）或者铅笔书写。红色墨水只能用于制度规定的“按红字冲账的记账凭证、在不设减少金额栏的多栏式账页中，登记减少数、在三栏式账户的余额栏前，如未印明余额方向的，在余额栏内登记负数金额”等情况。

第四，记账要保持清晰、整洁，记账文字和数字要端正、清楚、书写规范，一般应占账簿格距的二分之一，以便留有改错的空间。

第五，凡需结出余额的账户，应当定期结出余额。现金日记账和银行存款日记账必须每天结出余额。结出余额后，应在“借或贷”栏内写明“借”或“贷”的字样。没有余额的账户，应在该栏内写“平”字并在余额栏“元”位上用“0”表示。

第六，每登记满一张账页结转下页时，应当结出本页合计数和余额，写在本页最后一行和下页第一行有关栏内，并在本页的摘要栏内注明“转后页”字样，在次页的

摘要栏内注明“承前页”字样。

5. 对账就是核对账目，即对账簿、账户记录的正确与否所进行的核对工作。对账工作是为了保证账证相符、账账相符和账实相符的一项检查性工作，其目的在于使期末用于编制会计报表的数据真实、可靠。

对账工作的主要内容一般包括账证核对、账账核对和账实核对。

6. 错账更正方法有三种，分别是划线更正法、红字更正法、补充登记法。

划线更正法（红线更正法）是在结账前，如果发现账簿记录有错误，而记账凭证并无错误时采用。只是过账时不慎，纯属账簿记录中的文字或数字的笔误，应采用划线更正法予以更正。

红字更正法又叫红字冲账法，是用红字冲销或冲减原记录数，以更正或调整账簿差错记录的一种方法。采用红字更正法适用于以下两种情况：

（1）根据记账凭证登记有关账簿后，发现记账凭证中应借、应贷会计科目或记账方向有错误；

（2）记账后，发现记账凭证和账簿中所记金额大于应记金额，而应借、应贷的会计科目和方向并无错误（金额要素错误）。

补充更正法又称补充登记法。这种方法适用于记账凭证中会计账户、记账方向正确，但所记金额小于应记金额，导致账簿登记金额短缺的情况。

7. 结账就是在会计期末（月末、季末、年末）将本期内所有发生的经济业务全部登记入账以后，计算出本期发生额和期末余额。

结账的内容通常包括两个方面：

一是结清各种损益类账户，并据以计算确定本期利润；

二是结清各资产、负债和所有者权益账户，分别结出本期发生额合计和余额。

结账是在将本期内所发生的经济业务全部登记入账的基础上，按照规定的方法对该期内的账簿记录进行小结，结算出本期发生额合计和余额，并将其余额结转下期或者转入新账。

六、业务处理题

习题一

1. 会计分录如下：

（1）借：管理费用	250	
贷：库存现金		250
（2）借：库存现金	800	
贷：银行存款		800
（3）借：管理费用	300	
贷：库存现金		300
（4）借：材料采购	60	
贷：库存现金		60

（5）借：库存现金　　28 000
　　贷：银行存款　　28 000
（6）借：材料采购　　150
　　贷：库存现金　　150
（7）借：管理费用　　80
　　贷：库存现金　　80

2. 登记库存现金账：

库存现金日记账

2012 年		凭证		摘要	对方科目	收入	支出	余额
月	日	种类	号数					
8	1			月初余额				800
	2	现付	1	支付办公费	管理费用		250	550
	2	银付	1	从银行提取现金	银行存款	800		1 350
	2	现付	2	支付办公费	管理费用		300	1 050
	10	现付	3	支付采购运杂费	材料采购		60	990
	15	银付	2	提现备发工资	银行存款	28 000		28 990
	19	现付	4	支付材料款	材料采购		150	28 840
	30	现付	5	支付差旅费	管理费用		80	28 760
	31			本月合计		28 800	840	28 760

习题二

1. 会计分录如下：
（1）借：应付账款——A 工厂　　25 000
　　贷：银行存款　　25 000
（2）借：管理费用　　200
　　贷：银行存款　　200
（3）借：银行存款　　34 000
　　贷：应收账款——C 工厂　　34 000
（4）借：银行存款　　58 500
　　贷：应收账款——D 工厂　　58 500
（5）借：制造费用　　1 500
　　贷：银行存款　　1 500
（6）借：银行存款　　14 000
　　贷：预收账款　　14 000
（7）借：库存现金　　20 000

贷：银行存款　　　　　　　　　　20 000

（8）借：预付账款——F 公司　　　　　　　13 000

贷：银行存款　　　　　　　　　　13 000

（9）借：应付账款——G 工厂　　　　　　　6 000

贷：银行存款　　　　　　　　　　6 000

（10）借：管理费用　　　　　　　　　　4 000

贷：银行存款　　　　　　　　　　4 000

2. 登记银行存款日记账

银行存款日记账

2012 年		凭证号数	摘要	对方科目	收入	付出	余额
月	日						
5	1		月初余额				160 000
	1	银付 1	归还欠款	应付账款		25 000	135 000
	4	银付 2	购办公用品	管理费用		200	134 800
	6	银收 1	C 工厂归还欠款	应收账款	34 000		168 800
	9	银付 3	D 工厂归还欠款	应收账款	58 500		227 300
	12	银付 4	支付劳务费	制造费用		1 500	225 800
	13	银收 2	预收货款	预收账款	14 000		239 800
	15	银付 5	提现备发工资	库存现金		20 000	219 800
	25	银付 6	预付货款	预付账款		13 000	206 800
	31	银付 7	归还欠款	应付账款		6 000	200 800
	31	银付 8	支付培训费	管理费用		4 000	196 800
	31		本月合计		106 500	697 000	196 800

习题三

1. 用“补充登记法”更正。

编制蓝字记账凭证如下：

借：生产成本　　　　　　　　　　13 500

贷：原材料　　　　　　　　　　13 500

2. 用“红字更正法”更正。

编制红字记账凭证如下：

借：生产成本　　　　　　　　　　1 800

贷：制造费用　　　　　　　　　　1 800

3. 用“红字更正法”更正。

先编制红字记账凭证予以冲销错误的记账凭证：

借：管理费用　　500

　贷：应付利息　　500

再编制正确的蓝字记账凭证：

借：财务费用　　500

　贷：应付利息　　500

4. 用“划线更正法”更正，将“库存商品”账户和“生产成本”账户的错误记录用单红线划去，再在错误金额上方登记正确的金额。

第七章　财产清查参考答案

一、填空题

1. 全面清查　局部清查
2. 实地盘点
3. 永续盘存制
4. 实存账存对比表
5. “以前年度损益调整”

二、单项选择题

1. C　2. B　3. C　4. D　5. A　6. D　7. D　8. C　9. A　10. C　11. D　12. A　13. A　14. D　15. A

三、多项选择题

1. ABCD　2. BD　3. AB　4. AB　5. BD　6. ABD　7. ACD　8. AB　9. AB　10. ABCD　11. ABD　12. ABD　13. ABC

四、判断题

1. ×　2. ×　3. ×　4. ×　5. ×　6. ×　7. √　8. √　9. ×　10. ×

五、简答题

1. 财产清查是指通过对各项货币现金、实物资产和往来款项的盘点、核对，以确定其实有数并查明其实存数与账存数是否一致的一种专门的会计核算方法。

2. 财产清查的内容通常分为以下几类：

（1）财产清查按其清查范围的大小，可分为全面清查和局部清查。

（2）财产清查按照清查时间是否事先有计划，可分为定期清查和不定期清查。

（3）财产清查按照清查的执行单位不同，可分为内部清查和外部清查。

3. 财产物资的盘存制度有两种：永续盘存制和实地盘存制。

（1）永续盘存制是指平时对各种财产物资的增减变动，都逐日逐笔的连续记入相关账簿，并随时在账面上结出其结存数的一种盘存方法。

（2）实地盘存制是指平时只根据会计凭证在账簿中登记财产物资的增加数，不登记减少数，期末对通过对财产物资的实物盘点确定其实际结存数，并据此倒挤出本期财产物资减少数的一种盘存方法

4. “未达账项”是指由于双方记账时间不一致而发生的一方已经登记入账，另一方因尚未接到有关凭证而未登记入账的款项。其产生的原因是单据传递导致双方记账时间不同。

5. 库存现金的清查是采用实地盘点的方法进行的，库存现金清查时应首先通过实地盘点确定库存现金的实存数，再与现金日记账的账面余额进行核对，以查明余额情况。库存现金的盘点，应由清查人员会同现金出纳人员共同负责。其步骤如下：

（1）在盘点前，出纳人员应先将现金收、付凭证全部登记入账，并结出余额。

（2）盘点时，出纳人员必须在场，现钞应逐张清点，如发现盘盈盘亏，必须会同出纳人员核实清楚。盘点时，除查明账实是否相符外，还要查明有无违反现金管理制度规定，如有无以“白条”抵充现金，现金库存是否超过银行核定的限额，有无坐支现金等。

（3）盘点结束后，清查人员应根据盘点记录，填制“库存现金盘点报告表”。

六、业务处理题

习题一

银行存款余额调节表

2012 年 9 月 30 日

项目	金额	项目	金额
企业银行存款日记账的账面余额	30 000	银行对账单的余额	24 200
加：银行已收，企业未收的款项	8 200	加：企业已收，银行未收的款项	15 700
减：银行已付，企业未付的款项	1 100	减：企业已付，银行未付的款项	-2 800
调节后的银行存款余额	37 100	调节后的银行存款余额	37 100

习题二

1.

库存现金盘点报告表

单位名称：三江公司　　　　2012 年 10 月 15 日　　　　单位：元

实存金额	账存金额	对比结果		备注
		盘盈（长款）	盘亏（短款）	
815.62	850		34.38	
				略

负责人（签章）：略　　　　盘点人（签章）：略　　　　出纳员（签章）：略

2.

（1）审批前：

借：待处理财产损溢——待处理流动资产损溢　　　　34.38

　贷：库存现金　　　　34.38

(2) 审批后:

借:其他应收款——出纳 34

管理费用 0.38

贷:待处理财产损溢——待处理流动资产损溢 34.38

习题三

审批前:

1. 借:待处理财产损溢——待处理流动资产损溢 400

贷:原材料——A 材料 400

2. 借:待处理财产损溢——待处理流动资产损溢 5 000

贷:原材料——B 材料 5 000

3. 借:原材料——C 材料 50

贷:待处理财产损溢——待处理流动资产损溢 50

4. 借:待处理财产损溢——待处理固定资产损溢 23 000

累计折旧 12 000

贷:固定资产——电机 35 000

5. 借:固定资产——切割机 7 000

贷:以前年度损益调整 7 000

6. 不做处理

7. 不做处理

审批后:

1. 借:其他应收款——保管员 160

管理费用 240

贷:待处理财产损溢——待处理流动资产损溢 400

2. 借:其他应收款——保险公司 4 000

原材料——B 材料 100

营业外支出 900

贷:待处理财产损溢——待处理流动资产损溢 5 000

3. 借:待处理财产损溢——待处理流动资产损溢 50

贷:管理费用 50

4. 借:营业外支出 23 000

贷:待处理财产损溢——待处理固定资产损溢 23 000

5. 借:以前年度损益调整 7 000

贷:利润分配——未分配利润 7 000

6. 借:坏账准备 33 000

贷:应收账款——甲公司 33 000

7. 借:应付账款——长河公司 10 000

贷:营业外收入 10 000

第八章　会计报表参考答案

一、填空题

1. 资产负债表
2. 利润表（损益表）
3. 静态报表　动态报表　静态报表　动态报表
4. 中期财务报表　年度财务报表
5. 6 天内　15 天内　60 天内　4 个月内
6. 账户式　资产 = 负债 + 所有者权益　资产　负债 所有者权益
7. 利润总额 = 营业利润 + 营业外收入 - 营业外支出
8. 流入　流出　经营活动　投资活动　筹资活动
9. 所有者权益变动

二、单项选择题

1. B　2. B　3. B　4. B　5. B　6. C　7. B　8. C　9. D　10. D

三、多项选择题

1. ABCD　2. AD　3. BCD　4. CD　5. BCD　6. ABC　7. ABC　8. ABD　9. ABCD　10. CD

四、判断题

1. ×　2. ×　3. ×　4. ×　5. √　6. ×　7. ×　8. √　9. ×　10. √

五、简答题

1. 财务报表是用来集中、总括地反映企业单位在某一特定日期的财务状况以及某一特定时期的经营成果和现金流量的书面报告。财务报表主要包括资产负债表、利润表、现金流量表、所有者权益变动表和财务报表附注。

2. 我国的资产负债表采用的账户式格式。左边反映企业所拥有的全部资产；右边反映企业的负债和所有者权益。资产负债表的理论依据是："资产 = 负债 + 所有者权益"这一会计等式的原理。

3. 现金流量表所指的现金是广义的现金概念，它主要包括以下具体内容：

（1）库存现金；

（2）银行存款，即企业可随时用于支付的存款；

（3）现金等价物，即企业持有的期限短、流动性强、易于转化为已知金额现金、价值变动风险很小的投资。

六、业务处理题

习题一

资产负债表

编制单位：珠江公司　　2012 年12 月31 日　　单位：元

资产	期末余额	年初余额	负债及所有者权益	期末余额	年初余额
流动资产：			流动负债：		
货币资金	1 103 000		短期借款	200 000	
交易性金融资产			交易性金额负债		
应收票据	85 000		应付票据	120 000	
应收账款	871 500		应付账款	360 000	
预付账款	110 000		预收账款	235 000	
应收利息			应付职工薪酬	18 000	
应收股利			应交税费	102 000	
其他应收款	5 000		应付利息		
存货	1 308 000		应付股利	22 800	
一年内到期的非流动资产			其他应付款	2 000	
其他流动资产			一年内到期的非流动负债		
流动资产合计	3 482 500		其他流动负债		
非流动资产：			流动负债合计	1 059 800	
可供出售金融资产			非流动负债：		
持有至到期投资	160 000		长期借款	1 075 500	
长期应收款	50 000		应付债券		
长期股权投资	340 000		长期应付款	600 000	
投资性房地产			专项应付款		
固定资产	4 700 000		预计负债		
在建工程			递延所得税负债		
工程物资			其他非流动负债		
固定资产清理			非流动负债合计	1 675 500	

续表

资产	期末余额	年初余额	负债及所有者权益	期末余额	年初余额
生产性生物资产			负债合计	2 735 300	
无形资产			所有者权益（或股东权益）：		
研发支出			实收资本（或股本）	5 000 000	
商誉			资本公积	201 200	
长期待摊费用			减：库存股		
递延所得税资产			盈余公积	510 000	
其他非流动资产			未分配利润	286 000	
非流动资产合计	5 250 000		所有者权益合计	5 997 200	
资产总额	8 732 500		负债和所有者权益总计	8 732 500	

习题二

利润表

编报单位：北方公司　　　　2012 年　　　　单位：元

项目	行次	本期金额	上期金额
一、营业收入		8 200 000	
减：营业成本		6 150 000	
营业税金及附加		100 000	
销售费用		350 000	
管理费用		400 000	
财务费用（收益以“－”号填列）		30 000	
资产减值损失			
加：公允价值变动收益（损失以“－”号填列）			
投资收益（损失以“－”号填列）		40 000	
其中：对联营企业和合营企业的投资收益			
二、营业利润（亏损以“－”号填列）		1 210 000	
加：营业外收入		20 000	
减：营业外支出		10 000	
其中：非流动资产处置损失			
三、利润总额（亏损总额以“－”号填列）		1 220 000	

续表

项目	行次	本期金额	上期金额
减：所得税费用		305 000	
四、净利润（净亏损以“-”号填列）		915 000	
五、每股收益：			
（一）基本每股收益		—	
（二）稀释每股收益		—	

第九章　会计核算组织程序参考答案

一、填空题

1. 编制会计凭证（记账）　登记账簿（过账）　编制会计报告（报账）
2. 记账凭证核算组织程序
3. 一借一贷　一借多贷
4. 多栏式
5. 多栏式库存现金日记账

二、单项选择题

1. A　2. C　3. B　4. A　5. D　6. D　7. B　8. C　9. A　10. C

三、多项选择题

1. ACE　2. AB　3. ABC　4. BC　5. ABCE　6. BC　7. ACDE　8. ABC　9. BC　10. ABDE　11. ABE　12. ABD　13. ACE　14. AD　15. AC

四、判断题

1. ×　2. ×　3. ×　4. ×　5. ×　6. ×　7. ×　8. ×　9. ×　10. √

五、简答题（略）

六、业务处理题

习题一

根据本月经济业务编制的记账凭证（会计分录代替）如下：

1. 借：材料采购——甲材料　40 000
　　贷：银行存款　40 000
　借：原材料——甲材料　40 000
　　贷：材料采购——甲材料　40 000
2. 借：材料采购——乙材料　60 000
　　贷：应付账款　60 000
　借：原材料——乙材料　60 000
　　贷：材料采购——乙材料　60 000

3. 借：生产成本——A 产品　58 000
——B 产品　57 500
管理费用　4 000
贷：原材料——甲材料　52 000
——乙材料　67 500
4. 借：管理费用　2 000
贷：库存现金　2 000
5. 借：其他应付款　12 000
贷：银行存款　12 000
6. 借：库存现金　50 000
贷：银行存款　50 000
7. 借：应付职工薪酬　50 000
贷：库存现金　50 000
8. 借：生产成本——A 产品　4 000
——B 产品　2 500
管理费用　1 500
贷：银行存款　8 000
9. 借：银行存款　180 000
贷：主营业务收入　180 000
10. 借：银行存款　60 000
应收账款　40 000
贷：主营业务收入　100 000
11. 借：销售费用　3 000
贷：银行存款　3 000
12. 借：生产成本——A 产品　30 000
——B 产品　15 000
管理费用　5 000
贷：应付职工薪酬　50 000
13. 借：管理费用　1 000
贷：累计折旧　1 000
14. 借：库存商品——A 产品　216 000
——B 产品　120 000
贷：生产成本——A 产品　216 000
——B 产品　120 000
15. 借：营业税金及附加　28 000
贷：应交税费　28 000
16. 借：主营业务收入　280 000
贷：本年利润　280 000

17. 借：主营业务成本 200 000
贷：库存商品——A 产品 120 000
——B 产品 80 000
借：本年利润 200 000
贷：主营业务成本 200 000

18. 借：本年利润 44 500
贷：营业税金及附加 28 000
销售费用 3 000
管理费用 13 500

19. 借：所得税费用 10 000
贷：应交税费——应交所得税 10 000
借：本年利润 10 000
贷：所得税费用 10 000

20. 借：利润分配——提取盈余公积 10 000
——应付利润 10 000
贷：盈余公积 10 000
应付股利 10 000

根据收、付款凭证逐日逐笔登记现金、银行存款日记账，如图表 9－4、表 9－5 所示：

表 9－4 库存现金日记账

年		凭证号		摘要	对方科目	收入	支出	结余
月	日	收	付					
略	略			期初余额				3 500
				零星开支	管理费用		2 000	1 500
				提取现金	银行存款	60 000		61 500
				发放工资	应付工资		60 000	1 500
				本期发生额及余额		60 000	62 000	1 500

表 9－5　　　　　　　　银行存款日记账

年		凭证号		摘要	对方科目	收入	支出	结余
月	日	收	付					
略	略	9		期初余额				300 000
			1	购进材料	原材料		40 000	260 000
			5	支付房租	其他应付款		12 000	248 000
			6	提取现金	现金		50 000	198 000
				支付水电费	生产成本		6 500	191 500
			8		管理费用		1 500	190 000
				销售产品全部收款	主营业务收入	180 000		370 000
				销售产品部分收款				
				支付销售费用		60 000		430 000
			11				3 000	427 000
				本期发生额及余额		240 000	113 000	427 000

根据原始凭证、记账凭证登记原材料明细账：

表 9－6　　　　　　　　原材料明细账

材料名称：甲材料　　　　　　　　　　　　　　　　计量单位：千克

		凭证号	摘要	收入			发出			结存		
	日			数量	单价	金额	数量	单价	金额	数量	单价	金额
			期初结存							1 500	400	600 000
			购进材料	100	400	40 000				1 600	400	640 000
			发出材料				130	400	52 000	1 470	400	588 000
			本期发生额及期末余额	100		40 000	130		52 000	1 470		588 000

表 9－7　　　　　　　　原材料明细账

材料名称：乙材料　　　　　　　　　　　　　　　　计量单位：千克

		凭证号	摘要	收入			发出			结存		
	日			数量	单价	金额	数量	单价	金额	数量	单价	金额
			期初余额							2 500	150	300 000
			购进材料	400	150	60 000				2 900	150	360 000
			发出材料				450	150	67 500	2 450	150	292 500
			本期发生额及余额	400		60 000	450		67 500	2 450		292 500

根据记账凭证逐笔登记总分类账：

表 9－8

会计科目：库存现金

年		凭证号	摘要	借方	贷方	借或贷	余额
月	日						
			期初余额			借	3 500
			支付零星开支		2 000	借	1 500
		略	提取现金	50 000		借	51 500
			发放工资		50 000	借	1 500
			本期发生额及期末余额	50 000	52 000	借	1 500

表 9－9

会计科目：银行存款

年		凭证号	摘要	借方	贷方	借或贷	余额
月	日						
			期初余额			借	300 000
			购买材料		40 000	借	260 000
			支付房租		12 000	借	248 000
			提取现金		50 000	借	198 000
			支付水电费		8 000	借	190 000
			销售产品			借	
			销售产品	180 000		借	370 000
			支付销售费用	60 000		借	430 000
					3 000		427 000
			本期发生额及期末余额	240 000	113 000	借	427 000

表 9－10

会计科目：应收账款

年		凭证号	摘要	借方	贷方	借或贷	余额
月	日						
			期初余额			借	200 000
			赊销产品	40 000		借	240 000
			本期发生额及期末余额	40 000		借	240 000

表 9－11

会计科目：其他应收款

年		凭证号	摘要	借方	贷方	借或贷	余额
月	日						
			期初余额			借	22 000
			本期发生额 及期末余额			借	22 000

表 9－12

会计科目：原材料

年		凭证号	摘要	借方	贷方	借或贷	余额
月	日						
			期初余额			借	900 000
			购入材料	40 000		借	940 000
			购入材料	60 000		借	1 000 000
			发出材料		119 500	借	880 500
			本期发生额 及期末余额	100 000	119 500	借	880 500

表 9－13

会计科目：库存商品

年		凭证号	摘要	借方	贷方	借或贷	余额
月	日						
			期初余额			借	600 000
			结转完工产品成本	336 000		借	936 000
			结转销售产品成本		200 000	借	736 000
			本期发生额 及期末余额	336 000	200 000	借	736 000

表 9－14

会计科目：生产成本

年		凭证号	摘要	借方	贷方	借或贷	余额
月	日						
			期初余额			借	300 000
			领用材料	115 500		借	415 500
			水电费	6 500		借	422 000
			分配工资费用	45 000		借	467 000
			结转完工产品成本			借	467 000
					336 000		136 000
			本期发生额及期末余额	167 000	336 000	借	131 000

表 9－15

会计科目：固定资产

年		凭证号	摘要	借方	贷方	借或贷	余额
月	日						
			期初余额			借	3 000 000
			本期发生额及期末余额			借	3 000 000

表 9－16

会计科目：累计折旧

年		凭证号	摘要	借方	贷方	借或贷	余额
月	日						
			期初余额			贷	1 000 000
			计提折旧		1 000	贷	1 001 000
			本期发生额及期末余额		1 000	贷	1 001 000

表 9－17

会计科目：短期借款

年		凭证号	摘要	借方	贷方	借或贷	余额
月	日						
			期初余额			贷	1 570 000
			本期发生额及期末余额			贷	1 570 000

表 9－18

会计科目：应付账款

年		凭证号	摘要	借方	贷方	借或贷	余额
月	日						
			期初余额			贷	400 000
			赊购材料		60 000	贷	460 000
			本期发生额及期末余额		60 000	贷	460 000

表 9－19

会计科目：应付职工薪酬

年		凭证号	摘要	借方	贷方	借或贷	余额
月	日						
			发放工资	50 000		借	50 000
			分配工资费用		50 000	平	0
			本期发生额及期末余额	50 000	50 000	平	0

表 9－20

会计科目：应交税费

年		凭证号	摘要	借方	贷方	借或贷	余额
月	日						
			期初余额			贷	50 000
			产品销售税金		28 000	贷	78 000
			应交所得税		10 000	贷	88 000
			本期发生额及期末余额		38 000	贷	88 000

表 9－21

会计科目：应付股利

年		凭证号	摘要	借方	贷方	借或贷	余额
月	日						
			期初余额			贷	70 000
			分给投资人利润		10 000	贷	80 000
			本期发生额及期末余额		10 000	贷	80 000

表 9－22

会计科目：其他应付款

年		凭证号	摘要	借方	贷方	借或贷	余额
月	日						
			期初余额			贷	35 000
			本期发生额 及期末余额	12 000		贷	23 000

表 9－23

会计科目：实收资本

年		凭证号	摘要	借方	贷方	借或贷	余额
月	日						
			期初余额			贷	2 000 000
			本期发生额 及期末余额			贷	2 000 000

表 9－24

会计科目：盈余公积

年		凭证号	摘要	借方	贷方	借或贷	余额
月	日						
			期初余额			贷	150 000
			提取盈余公积金		10 000	贷	160 000
			本期发生额 及期末余额		10 000	贷	160 000

表 9－25

会计科目：本年利润

年		凭证号	摘要	借方	贷方	借或贷	余额
月	日						
			期初余额			贷	300 000
			结转各项收入		280 000	贷	580 000
			结转销售成本	200 000		贷	380 000
			结转其他各项支出	44 500		贷	335 500
			结转所得税	10 000		贷	325 500
			本期发生额 及期末余额	254 500	280 000	贷	325 500

表 9－26

会计科目：利润分配

年		凭证号	摘要	借方	贷方	借或贷	余额
月	日						
			期初余额			借	250 000
			提取盈余公积金	10 000		借	260 000
			分给投资人利润	10 000		借	270 000
			本期发生额 及期末余额	20 000		借	270 000

表 9－27

会计科目：主营业务收入

年		凭证号	摘要	借方	贷方	借或贷	余额
月	日						
			销售产品收款		180 000	贷	180 000
			销售产品未收款		40 000	贷	220 000
			销售产品收款		60 000	贷	280 000
			结转销售收入	280 000		平	0
			本期发生额 及期末余额	280 000	280 000	平	0

表 9－28

会计科目：主营业务成本

年		凭证号	摘要	借方	贷方	借或贷	余额
月	日						
			结转已销产品成本	200 000		借	200 000
			结转至“本年利润”账户		200 000	平	0
			本期发生额 及期末余额	200 000	200 000	平	0

表 9－29

会计科目：营业税金及附加

年		凭证号	摘要	借方	贷方	借或贷	余额
月	日						
			计算应纳税金 结转销售税金	28 000	 28 000	借 平	28 000 0
			本期发生额 及期末余额	28 000	28 000	平	0

表 9－30

会计科目：管理费用

年		凭证号	摘要	借方	贷方	借或贷	余额
月	日						
			一般耗用材料 零星开支 支付水电费 分配工资费用 提取折旧 结转管理费用	4 000 2 000 1 500 5 000 1 000	 13 500	借 借 借 借 借 平	4 000 6 000 7 500 12 500 13 500 0
			本期发生额 及期末余额	13 500	13 500	平	0

表 9－31

会计科目：销售费用

年		凭证号	摘要	借方	贷方	借或贷	余额
月	日						
			支付销售费用 结转销售费用	3 000	 3 000	借 平	3 000 0
			本期发生额 及期末余额	3 000	3 000	平	0

表 9－32

会计科目：所得税费用

年		凭证号	摘要	借方	贷方	借或贷	余额
月	日						
			计算所得税	10 000		借	10 000
			结转所得税		10 000	平	0
			本期发生额及期末余额	10 000	10 000	平	0

表 9－33

会计科目：材料采购

年		凭证号	摘要	借方	贷方	借或贷	余额
月	日						
			购买甲材料	40 000		借	40 000
			结转入库材料成本		40 000	平	0
			购买乙材料	60 000		借	60 000
			结转入库材料成本		60 000	平	0
			本期发生额及期末余额	100 000	100 000	平	0

根据总分类账户记录编制试算平衡表如下：

表 9－34　**总分类账户发生额及余额试算平衡表**

会计科目	期初余额		本期发生额		期末余额	
	借方	贷方	借方	贷方	借方	贷方
库存现金	3 500		50 000	52 000	1 500	
银行存款	300 000		240 000	113 000	427 000	
应收账款	200 000		40 000		240 000	
其他应收款	22 000				22 000	
原材料	90 000		100 000	119 500	12 000	
库存商品	600 000		336 000	200 000	880 500	
生产成本	300 000		167 000	336 000	736 000	
固定资产	3 000 000				131 000	
累计折旧		1 000 000		1 000	3 000 000	
短期借款		1 570 000				1 001 000
应付账款		400 000		60 000		1 570 000

表9－34(续)

会计科目	期初余额		本期发生额		期末余额	
	借方	贷方	借方	贷方	借方	贷方
应交税费		50 000		38 000		460 000
应付股利		70 000		12 000		88 000
其他应付款		35 000	12 000			23 000
实收资本		2 000 000				8 000
盈余公积		150 000		10 000		2 000 000
本年利润		300 000	254 500	280 000		160 000
利润分配	250 000		20 000			325 000
材料采购			100 000	100 000	270 000	
管理费用			13 500	13 500		
应付职工薪酬			50 000	50 000		
主营业务收入			280 000	280 000		
销售费用			3 000	3 000		
营业税金及附加			28 000	28 000		
主营业务成本			200 000	200 000		
所得税费用			10 000	10 000		
合计	5 575 500	5 575 500	1 904 000	1 904 000	5 708 000	5 708 000

根据总分类账户和明细分类账户记录编制资产负债表和利润表如下：

表9－35　　资产负债表

20　年　月　日

资产	期末数	负债及所有者权益	期末数
流动资产：		流动负债：	
货币资金	428 500	短期借款	1 570 000
应收账款	240 000	应付账款	460 000
其他应收款	22 000	其他应付款	23 000
存货	1 747 500	应交税费	88 000
流动资产合计	2 438 000	应付股利	80 000
非流动资产：		流动负债合计	2 221 000
固定资产	1 999 000	所有者权益：	
		实收资本	2 000 000

表9－35(续)

资产	期末数	负债及所有者权益	期末数
		盈余公积	160 000
非流动资产合计	1 999 000	未分配利润	55 000
		所有者权益合计	2 215 000
资产总计	4 437 000	负债及所有者权益总计	4 437 000

表 9－36

利润表

20　年　月

项目	行次	本月数	本年累计数
一、营业收入	1	280 000	略
减：营业成本	2	200 000	
营业税金及附加	4	28 000	
销售费用	7	3 000	
管理费用	9	13 500	
财务费用	10		
二、营业利润	14	35 500	
三、利润总额	20	35 500	
减：所得税费用	22	10 000	
四、净利润	25	25 500	

习题二

所编制的会计分录为：

1. 借：管理费用　　1 500

　　贷：银行存款　　1 500

应编入“银行存款汇总付款凭证”

2. 借：管理费用　　800

　　贷：库存现金　　800

应编入“现金汇总付款凭证”

3. 借：库存现金　　100

　　贷：管理费用　　100

应编入“现金汇总收款凭证”

4. 借：管理费用　　600

　　贷：其他应收款　　600

应编入贷方科目“其他应收款”汇总转账凭证

5. 借：本年利润　　21 300
　　贷：管理费用　　21 300

应编入贷方科目“管理费用”汇总转账凭证

“管理费用”总账账户的登记如下：

管理费用

借方	金额	贷方	金额
6月20日余额：	18 500		
根据银行存款汇总付款凭证	1 500		
根据现金汇总付款凭证	800		
根据现金汇总收款凭证	100		
根据“其他应收款”账户贷方汇总转账凭证	600	根据“管理费用”账户贷方汇总转账凭证	21 300
本月发生额合计	21 300	本月发生额合计	21 300

习题三

正确的科目汇总表如下：

借方	会计科目	贷方
2 840	库存现金	2 372
4 600	银行存款	4 500
700	应收账款	
12 000	原材料	
50 000	固定资产	
3 400	管理费用	
	应付账款	6 000
	实收资本	56 000
	预收账款	2 068
	应付职工薪酬	2 600
73 540	合计	73 540

第十章　会计工作的管理与组织参考答案

一、填空题

1. 会计管理　2. 会计核算　会计监督　3. 会计核算和管理　4. 成本管理子系统　5. 因果预测法　6. 会计控制　7. 会计检查　8. 会计考核　9. 会计内部管理　10. 内部会计管理制度　11. 总会计师　12. 内部稽核制度　13. 内部控制制度　14. 会计证　15. 财务报告　16. 会计决策电算化

二、单项选择题

1. B　2. D　3. A　4. C　5. D　6. C　7. D　8. A　9. A　10. A　11. C　12. B

三、多项选择题

1. ABCDE　2. ABD　3. ABCD　4. CD　5. ABCDE　6. ABCDE　7. ABDE　8. ABCDE　9. BE　10. ABDE　11. ABCDE　12. ABCDE　13. ABCD　14. BCE　15. ABCE　16. ABCDE

四、判断题

1. ×　2. ×　3. √　4. ×　5. √　6. √　7. ×　8. √　9. ×　10. √　11. √　12. ×　13. √　14. √　15. ×　16. ×　17. ×　18. ×　19×　20. √　21. √　22. √　23. √　24. √　25. ×　26. ×　27. √

五、简答题

略